好婚姻，就是一次又一次爱上对方

典藏版

哈爸　哼妈　著

Respect Him Forever

Love Her Onemore

电子工业出版社
Publishing House of Electronics Industry
北京·BEIJING

未经许可，不得以任何方式复制或抄袭本书之部分或全部内容。
版权所有，侵权必究。

图书在版编目（CIP）数据

好婚姻，就是一次又一次爱上对方：典藏版/哈爸，哼妈著.—北京：电子工业出版社，2023.7

ISBN 978-7-121-45719-7

Ⅰ.①好… Ⅱ.①哈… ②哼… Ⅲ.①婚姻—通俗读物 Ⅳ.① C913.13-49

中国国家版本馆 CIP 数据核字（2023）第 098823 号

责任编辑：杨雅琳
文字编辑：刘 晓
印　　刷：天津千鹤文化传播有限公司
装　　订：天津千鹤文化传播有限公司
出版发行：电子工业出版社
　　　　　北京市海淀区万寿路 173 信箱　邮编：100036
开　　本：880×1230　1/32　印张：9.25　字数：216 千字
版　　次：2023 年 7 月第 1 版
印　　次：2023 年 7 月第 1 次印刷
定　　价：79.00 元

凡所购买电子工业出版社图书有缺损问题，请向购买书店调换。若书店售缺，请与本社发行部联系，联系及邮购电话：（010）88254888，88258888。

质量投诉请发邮件至 zlts@phei.com.cn，盗版侵权举报请发邮件至 dbqq@phei.com.cn。

本书咨询联系方式:（010）88254210，influence@phei.com.cn，微信号：yingxianglibook。

26岁的特殊新年愿望

有时候，缘分就是那么奇妙，
谁能想到一通电话，竟能让对面的他“一听钟情”……

然而，当爱情来敲门的时候，却总有人心不在焉。

哈爸暗使奇招，只为了让心中的她注意到自己。

为了赢得哼妈的心，哈爸还搬来了总编辑当说客。

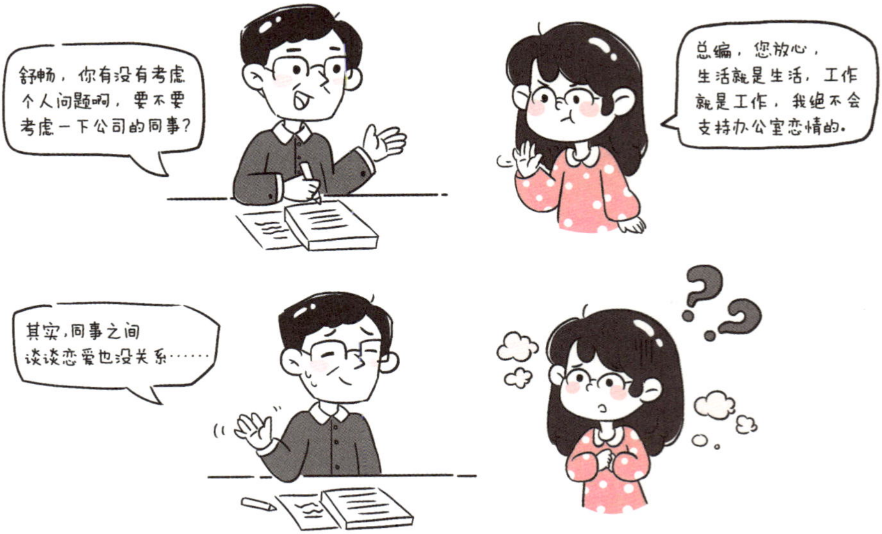

公司年会上，大家一起许愿，哼妈的愿望却很特别。

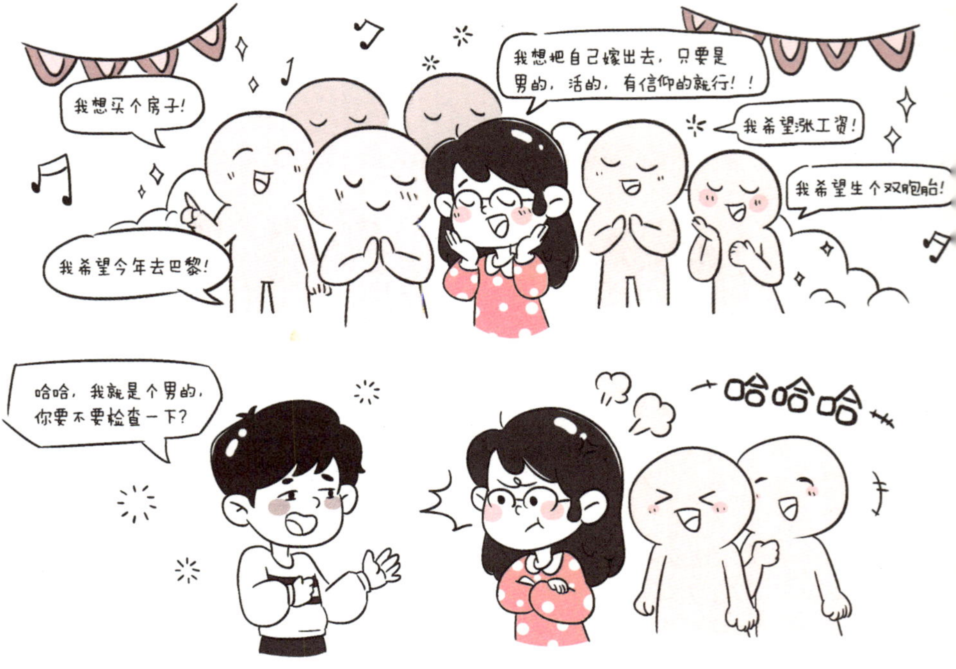

谁知，剧情开始急转，哈爸用自己的赤诚本色，
居然慢慢赢得了哼妈的刮目相看。

通过一点一滴的接触和交流，哼妈逐渐认识了
那个带着原色的纯粹与美好的哈爸，心中的好感与日俱增。

后来，在大家的祝福下，他们终于走到了一起。

哼妈哭着要嫁给他？

2009年，在哼妈生日那天，哼妈和哈爸领证了。那本结婚证，是哼妈哭来的。

XX派出所

不好意思，因迁址网络调整，无法调取您的单身证明。

……

时间一点点过去……

为什么我结婚就不顺呢？会不会结婚以后也不顺啊？……

你哭什么？

我要结婚。

民警阿姨递给哼妈一张单身证明，意味深长。

民政局门口，哼妈拿着结婚证兴高采烈打电话。

很多年后，哼妈才懂了民警阿姨和妈妈表现出来的那种见过婚姻风浪后的从容淡定。那时的哼妈正雀跃地小步紧跑向婚姻，虽然她不是公主，他也不是王子，但并不妨碍她相信他们将“幸福地生活在一起”。

哼妈这个炫夫狂

大家都知道哈爸是个“炫妻狂”，其实偷偷告诉你，
哼妈更是个“炫夫狂”！而且真是没救了。

在老爸面前，哈爸好像有一百个缺点，
但是在哼妈那里，这些缺点全都变成了可以崇拜的优点：
比如……

再比如……
你怎么不去帮帮忙?
我们家哈哈是做大事的人.
有一天，哈爸的大姨来家里做客，哼妈又来了……
闺女，你今年可比去年长胖了些啊!
那是因为哈哈养得好!
这都能夸到哈爸头上?
你们家哈哈在你眼里，什么都是好的!

婚前我就“认识”他了

有一天，朋友向哼妈吐槽：

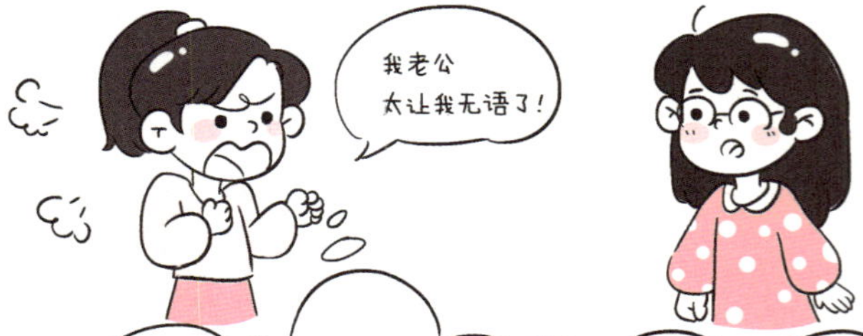

晚上十点钟，朋友老公进家门。

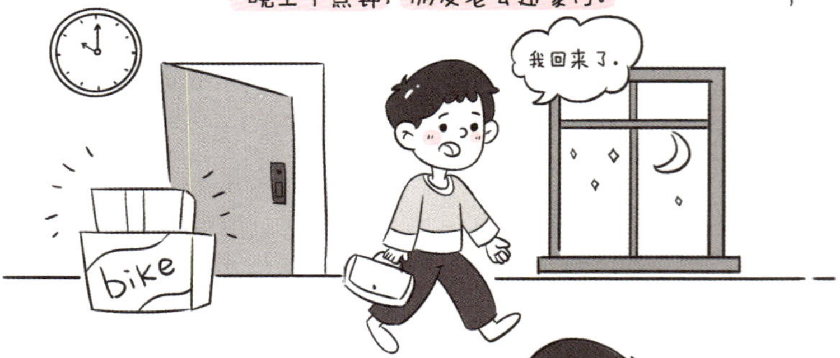

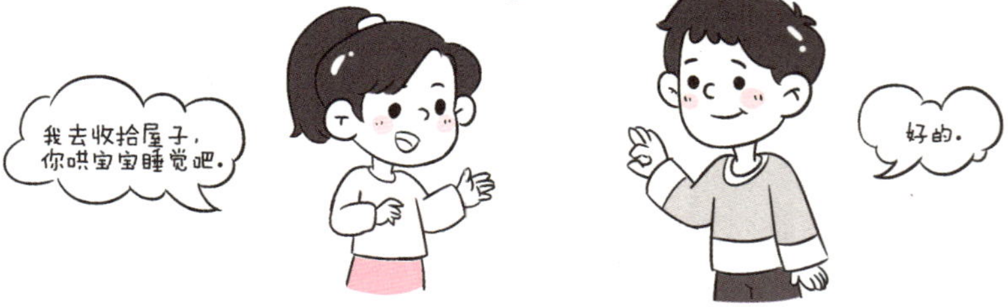

朋友忙碌地收拾屋子。

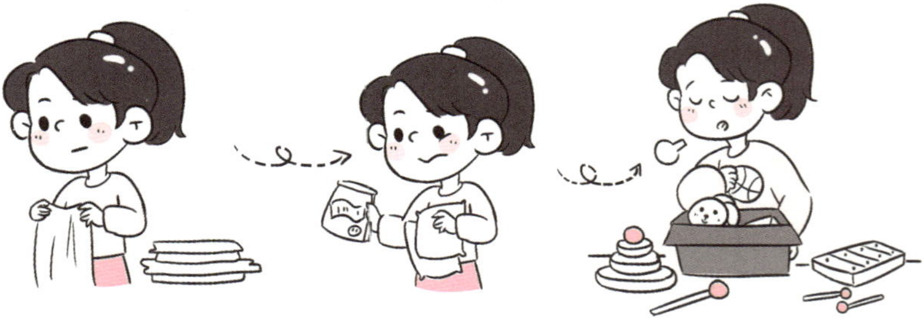

十一点，朋友捶着腰往卧室里看。

朋友愤怒了，忍不住对着老公吼。

朋友继续吐槽……

哼妈很平静。

美好的婚姻源于，在婚前，我就已经“认识”他了。早在婚前，我们就已经明了——与我携手的人，并不完美，却弥足珍贵。

小哈的社交

放学后，小哈特别喜欢在花园里逗留，因为经常会有其他小朋友在这里玩儿。

小哈用自己的超级飞侠跟一位哥哥换了陀螺。

我们可不可以换玩具玩？

好呀！

就在这时，在一旁觊觎已久的一位姐姐快速夺走了小哈换来的陀螺。

这是我的陀螺！

哼！

小哈快要哭了，他向站在两米外的哼妈求助；哼妈什么都没有说，只是指了指自己的嘴巴。

妈妈……

原来，哼妈曾经告诉过小哈，在与别人交往的过程中，要学会用嘴巴去沟通和协商。

小哈，如果你在和小朋友玩耍的时候出现了分歧，记得我们有嘴巴哦，要学会用它来表达自己。

嘴巴……

于是，小哈开始尝试跟小姐姐交涉，但是交涉并不顺利……

姐姐，这是我捡来的玩具。

哼！

小哈并没有气馁。

陀螺终于回到了小哈手里，哼妈表扬了他，
并提出了另外一个建议。

就这样，小哈明白了：遇到困难，嘴巴不是用来哭的。

快点小哈

一个普通的周二清晨，闹钟准时响起。

哼妈冲进卧室，语气尽量温柔。

"快点，小哈，十分钟内要穿好衣服，洗漱完毕。"

"知道了，妈妈。"

哼妈争分夺秒地洗漱、准备早餐，不时地探头关注卧室里的动静。小哈不紧不慢穿好衣服，迈出卧室，走向洗手间。

短短十米距离，小哈的注意力转移了好几次。

小哈终于“移动”到洗手间，慢悠悠开始刷牙、洗脸。

吃完早餐、把小哈送上校车，哼妈瘫倒在沙发里。

放学，小哈跳下校车，风一般冲进房间。

"妈妈，我和ЩЩ约好跳蚤市场见！"

小哈全副武装：换上运动服，一个拉杆箱装满待售"商品"。

"你怎么这么快准备好，一点不用催？"

"做有意思的事情时，我会开启"加速"模式，就像爸爸要看球赛，也是一秒钟都不耽误呀！"

对孩子来说，大人觉得重要的事，往往都很无趣；对孩子来说，"有趣"比"重要"要重要得多。当孩子的魔幻陀螺正在进行白热化"对战"时，大人却要求他立刻坐上座椅吃饭，那大人一定是忘了，当你正在看球赛和连续剧时，孩子让你放下手机有多难。

前言
PREFACE

守护家庭，
是我今生最大的事业

◆ 哈 爸

在我刚开始创业的时候，哼妈就对我说："我不知道你的岗位多么需要你，但我知道我和儿子多么需要你；我不知道你的工作是否可以由他人替代，但我知道你为夫、为父的工作无人可以替代。"

》妻子要学会表达家庭对丈夫的需要

我之所以在回家这件事上很自觉，是因为哼妈和小哈总是让我感觉自己是被需要的。现在，一些妻子虽然内心也希望丈夫多参与家庭生活、多参与育儿过程、多关心自己，但是她很少表达出来，行为上也总是大包大揽，让丈夫感觉这个家庭不需要自己。

其实，有些事情并非妻子一个人无法完成，而是家庭需要丈夫的参与，孩子需要爸爸的陪伴。因此，妻子可以尝试经常向丈夫表达家庭对他的需要。

哼妈经常通过写文章、发微信、打电话等方式提醒我："我想你了，你该回家了。"有时候，小哈也会在电话那头叫："爸爸，爸爸，你还不回来吗？"

一天晚上，我因为公司临时有事，十二点还没有回家，哼妈就给我发来一条微信："有一个电脑黑屏了的妻子，她现在需要一个丈夫，请问你是能够为妻子提供这种服务的丈夫吗？"收到微信后，我的第一反应就是："当然没问题，我回家！马上。"

» 回家是一件幸福的事情

每天当我回到家时，小哈总是一副欢呼雀跃的样子。他小时候不会开门，就使劲儿在里面拍门："妈妈，妈妈，爸爸回来了，快快开门！"后来，他学会了开门，一听见我的声音就赶紧开门。

如果每天迎接你的，都是这么一个家人热烈欢迎的场面，那么回家该是一件多么幸福的事情啊！

有一次，我给小哈喂饭，哼妈就在旁边说："小哈，你有一个世界上最好的爸爸！很多爸爸不会像小哈的爸爸这样经常给宝宝洗澡、喂饭，还陪宝宝玩。"

当一个妻子在孩子面前如此称赞自己的丈夫时，她其实也是在告诉丈夫，对于孩子来说，你要做最好的爸爸。如果做妻子的愿意在孩子面前给丈夫树立一个"好爸爸"的形象，那么丈夫多半会努力做到，这是他作为丈夫和爸爸的责任。

» 维持家庭和事业之间的平衡

事业对男人有一种天然的吸引力，哼妈从不抱怨我在事业上花费了多少精力，她经常从侧面告诉小哈："正因为爸爸的努力工作，我们才会有现在这么美好的生活。我们需要爸爸，爸爸是最棒的，很多人都需要爸爸。"

正是这种来自妻子和孩子的正面评价，让我没有变成一个"工作狂"，并且让我认识到要维持家庭和事业之间的平衡。

如果妻子经常摆出一副"你爱咋咋地，我不稀罕"的姿态，或者经常抱怨，那么丈夫肯定一想到回家就会很抗拒。

抱怨不会让丈夫放下工作，充满爱的家庭可以。

» 每个家庭都需要精心经营

一个妻子的能量是巨大的，对于家庭和社会的贡献及影响力也是很大的——可以建造一个家庭，也可以摧毁一个家庭。

让家成为一个坚实的港湾,离不开丈夫的经营与守卫;而让家成为一个吸引人的地方,则离不开妻子的经营与打理。

家是我的底线,也是我的退路。守护家庭,是我今生最大的事业。

目录
CONTENTS

CHAPTER 1　在爱中找到自己

- 002　我们都在寻求爱
- 005　他，原来就在身边
- 011　婚姻，不是寻找梦中情人
- 013　不是征程，却是道路

CHAPTER 2　美好的婚姻，始于婚前学习

- 018　原生家庭的样板，并不是婚姻的全部
- 020　一对榜样夫妻，几本婚姻好书
- 023　降低你对婚姻的期待

025	认识与你共度一生的这个人
028	勇敢说出你的不堪
030	建造对方，也建造自己
033	走出原生家庭的痛
035	对美好的婚姻坚信不疑

CHAPTER 3 幸福婚姻的秘密，就是让"我"成为"我们"

038	男人需要尊重，女人需要爱
043	男人被尊重，真的能上树
047	哼妈的"炫夫三字经"
053	不试图改变对方，改变才会真正发生
056	婚姻，是一条从自己通往对方的路
060	安全感与钱财有几毛钱关系
062	长久的好婚姻，就是一次又一次爱上对方
065	没有共同语言，是个啥玩意儿
068	最好的爱，就是舍己
072	读懂妻子，从听懂她的抱怨开始
075	爱她，就要体恤她的情绪
078	我的辛苦，他看得到

081	男人的寻找，女人的支持
083	改变有多难，接纳就有多珍贵
088	所有的不接纳，都暗含祝福
092	"不可理喻"的另一半
096	在亲密关系中，请相信对方是好人
100	如果不朝向明亮的方向，婚姻里见到的就只是自己的阴影

CHAPTER 4　怎样说，对方才会听

104	那些"废话"里，藏着幸福
108	给我你的注意力
111	夫妻之间的沟通智慧
113	闭不了的嘴，好不了的婚姻
117	与其互相指责，不如解决问题
120	我做错了，但婚姻对了
122	婚姻中最简单又最重要的事——倾听
125	听懂他的沉默
128	有些话，只适合搁在心里
130	一次"买买买"引发的夫妻讨论

133　凡事都和老婆大人商量
135　谨守分寸，婚姻才会更美好

CHAPTER 5　全职妈妈，一条相夫教子的回家路

140　我为什么做全职妈妈
143　人要离开父母，与妻子联接
146　全职妈妈的挑战
149　一个爸爸每个月要赚多少钱，才能撑起一个家
151　一份全职妈妈的账单
157　有一种伟大的职业，叫作全职妈妈
160　让家成为一个吸引人的地方
163　谁来给全职妈妈放假
165　婚姻里，有一个家叫"他们家"
168　为家庭立界限，到底向谁而立

CHAPTER 6　教育的本质，是父母的自我修行

174　不要成为你最不愿成为的那个人

177	超越原生家庭
182	放开你的孩子
185	育儿先育己
188	如果你还记得自己也曾经是个孩子
191	没有人文素养，再多育儿知识也白搭
193	逼着孩子成长的人，往往忘了成长有多难
196	不吼不叫，从容淡定做父母
200	孩子的情绪管理，其实在父母

CHAPTER 7 遇见孩子，遇见更好的自己

204	初为人母的那一条弯路
208	和孩子分房睡，其实并不难
211	真正的爱，是没有条件的
216	父母之爱，是分别之爱
219	有一种见识，是去过贫寒无蔽之处，心有怜悯
222	给孩子立界限，不只是大人的事
227	妈妈怎么说爸爸，孩子就怎么信
230	小朋友社交那点事
235	让孩子远离欺凌

238 用分享本身,教会孩子分享

241 给孩子最好的礼物

245 输不起的孩子,赢不了的人生

250 把糖放在"奇妙"的地方

253 小小孩的家务事

256 像艺术一样,给教育留白

259 父母的辛苦,不是孩子的债

263 **后记**

CHAPTER 1

在爱中找到自己

-----> 　　一个亲密爱人，可以成为引领我们向上的力量，让我们找到自己活着的另一层意义，并为之更加主动地去创造幸福。

我们都在寻求爱

◆ 哈爸

2009年2月19日,我从厦门飞往重庆。之所以对这个日期记忆深刻,是因为从这一天开始,我的人生不一样了。

在这之前,我接到了一个面试邀约电话:"余先生,您好!我们总编邀请您来我们杂志社面谈……"那是一个女生的声音,甜美、知性、温柔,我一下就被吸引了,可谓"一听钟情"。当时我就在想:这个女生有没有结婚,有没有谈恋爱?

这一切看起来似乎有点不合常理,但缘分也许就是这么奇妙。在见到她之前,在彼此相隔千里之时,我就隐约感觉到,我生命中最重要的那个人要出现了。

很快,我和"这个声音"在重庆的朝天门见面了。在与她面对面的那一刻,我很笃定:这就是我想要找的那个人。当知道她既没有结婚,也没有男朋友时,我万分欣喜。

河水不知道自己将会在哪里拐弯,人生也一样。

在遇到哼妈之前，我一直沉浸在自己的小世界里，这个世界不太有"别人"。我比较沉默，生活中鲜有普通朋友，跟我经常联系的朋友极少，能促膝一谈的挚友仅有屈指可数的几位，聊的也多是诸如哲学、生命、使命、价值、意义这样的话题。

在遇到哼妈之前，我在新教育研究中心工作，那是一个非常具有理想主义色彩的团队，但那份理想也没能让我坚持下去。我始终处于低迷的状态，人生的方向寻却寻不见，抓也抓不着，我的双脚始终不知该踏上哪一条道路。在那段于内心求索的日子里，我甚至写了一部十万字的长篇随笔，命名为《无聊者手记》。

那时，我常常一个人坐上一整天，对人生做各种哲学意义上的思考。我深深地感到，我所有思考中的"我、我、我"是不好的——这将是一条孤独的、没有希望的道路，它只会带我走向灭亡。

我隐约觉得，我需要一个深爱的人来引领我向上——有了她，我或许能找到活着的另一层意义；有了她，我会有更强的动力去努力生活和奋斗。如果有一个亲密爱人，我绝不会再将就绝不会这般无趣地活着。即使是最简单的一日三餐，都可以成为两个人的洗手做羹汤，"闲时与你立黄昏，灶前哭问粥可温"。于是，我对亲密关系产生了强烈的认知和需求——我应该主动去寻求爱，寻求一种从"我"到"我们"的关系。

"关系"，这个在我以往所有的思考中从未出现的词，就这么突然地插入我的生命探问的序列中来，隐含着人生幸福的某种密码。一个人无论多么有智慧、有名望、有成就，但如果他是孤独的，也很难言明生活的幸福和意义。于是，那时的我迫切地想要找到生命中的另一半，找到那个能跟我相伴一生的亲密爱人。我需要去跟这个人建立关系，一种迥异于我与其他任何人的独特关系。这种关系，能带领我去认识人生的新方向、新通道。而且，我也需要找一个人拉住我，让我不再是"飘荡的半空人"：上没有信仰，下没有传统——既无天空，也无大地。在遇见哼妈之后，哼妈就像是我的大地，我就像只风筝一样，不管怎么飘，飘到哪里，总有哼妈可以拉住我。

哼妈对于我的意义，从心理层面来说，我找到了这样一个最亲密的爱人；从生活层面来说，我找到了一个能够抓住我的伴侣，不会让我总是飘荡着。虽然一个人飘来飘去意味着自由，但自由有时也是一件令人恐慌的事情，因为不安全；自由有时也意味着一个人不能够精进，不能够专注于某个方面。

《鲁滨逊漂流记》和《荒岛求生》很好地展示了一个人与世隔绝的孤独，在我看来，失去关系的生命也就失去了幸福。==生命的本质，就是在关系中寻找自己，并成为真正的自己；在关系中寻找爱，并成为爱。==

歌德在《浮士德》中说："永恒的女性引领我们向上，你就是我的永恒女性。"2009年的2月19日，于我而言是有着特殊意义的一天，终于来临了，感谢上苍把哼妈——这位引领我向上的女性——带到了我的身边！

他，原来就在身边

◆ 哼妈

重庆的朝天门，长江和嘉陵江的交汇处——一边是浑浊的黄色，一边是盈盈的青色，它们在这里相遇，然后融合，流向远方。

这是我和哈爸第一次见面的地方。

那是一个傍晚，早已过了下班时间，同事们却依旧在等待新教育研究中心原内刊主编的到来。我在出于商务礼节出去迎接时，脑子里想的却是晚上回家吃我妈妈做的好吃的酸菜鱼——工作之外，我不觉得自己会跟眼前这个人有半毛钱的关系。

作为同事，我很快便发现，这是个"不好招惹"的家伙——杂志社派他出差采访一圈回来，等着他交稿时，他居然两肩往椅背上一靠："我不写！"原因很简单："写不出来。"我的内心有一万匹马奔腾而过，总编却点了点头，居然接受了他的理由！有没有搞错！记者可以这么任性吗？！那我过去几年累得像狗一般的采写人生算什么？！

我决定离这个家伙远点儿：一个没有章法的媒体人，是有可能摧毁另一个媒体人的职业观的。

然而，事与愿违。

几天后，总编留给我几句简单的叮嘱，就登上了飞往国外的航班。独留一个草创才几个月的杂志社，一群不甚相熟的同事，以及一个毫无管理经验的我。

半个月后的总编室。

"这批编辑记者都不错，除了——"我报出了哈爸的名字。理由是"我觉得他不太适合做采编"，建议是"辞退"——我受够了！

这个肆意妄为的家伙，我在台上讲，他永远在台下反对；我要求大家向东，他永远说要往西。更有甚者，在摄影培训时，他公然将我作为"点评"对象："没有S形曲线美"——都算得上人身攻击了！这是对我的权威的极度碾轧与蔑视——而没有管理经验的我，除了在总编归来时"告黑状"，别无"高招"。

我真的非常讨厌他。

然而，总编却微笑着为他开脱，说什么他是不可多得之才，常有一些很好的想法……这个世界到底怎么了？

直到结婚后我才知道，当年的他其实是把刁难与攻击作为吸引我的注意力的一种方式——这是他发现的最有效的方式，即使产生的是负面效果。

有一天，总编把我叫进办公室，一本正经地问我："你有没有考虑个人问题啊？要不要考虑一下公司的同事？"

我的脑子蒙了一下：总编是从不在工作时间谈工作以外的事情的，那么这一定不是一个私人问题，而是一个工作问题。

我很快表态："我是个生活和工作分得很开的人，所以我是不会支持办公室恋情的。生活就是生活，工作就是工作，两者不要掺和在一块儿。"

我至今都记得总编当时那种欲言又止的表情，他停顿半晌，最后只幽幽说了一句："其实，同事之间谈谈恋爱也没关系。"——老大，你到底是要闹哪样？我狐疑而去。

我并不知道，总编其实是在帮他当"说客"；我也并不知道，除了总编，他还告知了所有同事：这个女生，他在追。

日子一天天"滑"过，26岁的我，带着对眼前这一位的排斥，以及对未来那一位的期望，以为自己将要沦为"大龄剩女"。于是，我将自己的择偶标准简化成三条：男的，活的，有信仰的！

» 男的

知道我的三条择偶标准后，有一次，他故意拍着自己的皮带扣说："我就是个男的，你要不要检查一下？"同事们轰地笑开了，我却气坏了：这是公然的调侃。我板着脸说："这种玩笑，以后不要再开了！"

» 活的

臧克家说，有些人活着，他已经死了。而我的信仰，却让我看到了许多赤诚的生命，那种带着原色的纯粹与美好的生命。

那时，我每周都会跟几个朋友一起聚会，刚好他和另外几位同事也在，我们几个便常常一路走一路聊。就这样走来走去，聊来聊去，我渐渐发现，身边这个男生，也有不那么令我讨厌的一面。

有一次，我们聊起童年往事，有人聊吃过的零食、自制的玩具，有人聊调过的皮、挨过的打，他却聊自己家有多穷——他说小时候家里没什么菜吃，桌上总有豆豉汤，就是豆豉加水调点盐的那种；他说小时候饭也不够，米饭里总混着红薯丝；他说羡慕别人家的电视羡慕得不得了；他说他会偷米去小卖部换零食……

他的表情不夸张，不掩饰，也不自卑，我在旁边却听得脑中一片轰鸣：我没办法将"穷"表达得如此坦荡！

我们开始渐渐熟识起来。

后来有一次，他临时起意，邀请我和几位同事去他的住处吃饭。我看到他一个人住的房间居然整洁清爽，了解到他每餐还一本正经地自己做饭，于是对他有些刮目相看了。

这个人，有活的气息。

» 有信仰的

梁启超先生曾说过："一个人没有信仰，就会感到孤独和寒冷。"

在人生的前25年里,我不相信一切超出"常识"的东西。后来,我慢慢意识到:人活着,还是要有信仰的。一切奇迹,都发生在敢于相信它的人身上。我希望自己可以有信仰地去爱身边的人和世界。因此,我对另一半的期待,就是希望他也是一个有信仰的人。我相信:婚姻中的双方若能彼此信赖和坚守,就可以克服人生路上的一切艰难,共同走向明媚和美好。

后来,那个当初我甚是讨厌的家伙,成了我的丈夫。再后来,我们有了第一个孩子。在小哈3岁的时候,我为他写下了爸爸妈妈当初相遇的故事——

2009年,我26岁,刚刚换了一个工作,在一个并不熟悉的城市。

我突然开始着急,胡思乱想着如果还没有男朋友,会不会就很难嫁出去了。那时,我的择偶标准只有三条:男的,活的,有信仰的。这虽然简单,却并不容易遇到。

这时,公司来了一位新同事,很帅,也很有才,但我并不认为我会和他有任何关系。后来我才得知,在当时负责人事招聘的我给他打第一个电话时,他就在心里探问:"这个女生是不是单身?"

当他千里迢迢来应聘时,他便开始了寻爱之旅。可此时的我，一边祈求上天赐给我一个有信仰的伴侣，一边对身边这位完全符合"择偶标准"的男士愚钝无感。这真是一段有意思的过程。

后来，因为我们几个年轻人经常在周末聚会，同来同往，我与他便也渐渐多了一些交谈。正是在这样的交谈中，我开始逐渐认识了他。到最后，我恍然大悟：啊，我迫切祈求的，原来已经被成全。

我们在相识三个月后相恋，相恋五个月后领取结婚证，并于那年的平安夜举行了婚礼，全程不过十个月。

小哈，这就是爸爸妈妈最初相遇的故事。八年前的圣诞前夕，爸爸妈妈在大家的祝福下，终于走到了一起。婚礼上，牧师勉励我们：愿没结婚的人，因看到你们的婚姻而希望结婚；愿没有信仰的人，因看到你们的信仰而希望有信仰。

这真是我们听过的极好的祝福。

婚姻，不是寻找梦中情人

◆ 哈爸

其实，如果仅仅从外表上来说，哼妈并不符合我原本的梦中情人的样子——那种海飞丝、飘柔广告中长发飘飘的女生。

我曾经暗恋过一个女孩。那是大三的暑假，我去妈妈和小姨打工的服装厂玩，在那儿遇见了一个女孩，她长发飘飘、身材姣好，漂亮而性感，我当时就很想追求她。但是，妈妈和小姨提前把我送回了学校，扼杀了我最初的爱恋。

从外表来看，那个女孩的确符合我的标准；但从内心来说，她其实并不适合我。如今，我很感恩妈妈当时的阻拦。当一个孩子在感情上的认知还不成熟的时候，如果只是按照自己既定的标准，只走脑不走心地去选择另一半，那他很有可能做出错误的选择。

只有走心寻找的爱人，才能引领我们更好地走下去。我追求哼妈的过程，完全是跟着心走的。在遇到她的那一刻，我并没有做过多的思考。我的内心很笃定，她好像是冥冥之中被命运赐给我的，毋庸置疑。

我认为，男孩子在选择女朋友或妻子时，有时候没有标准就是最好的标准，如果一定要有标准，那就是跟随自己的心。如同当初我的心告诉我的，只有哼妈才是适合我的，这是一种非常珍贵的感受——哼妈不是我按照标准选择的结果，而是跟随自己的心选择的结果。

同样，女孩子在选择男朋友或丈夫时也一样。如果女孩子只按照所谓"丈母娘经济"的标准来找，那就是找房子、车子、票子。要知道，我在遇见哼妈的时候，什么也没有——没有房子，没有车子，没有票子，甚至还有负债，但我的丈母娘依然非常高兴地接纳了我。

所以，婚姻不是寻找梦中情人，也不是寻找白马王子，好的婚姻是要跟随自己的心去寻找自己的另一半。

不是征程，却是道路

◆ 哼妈

电视剧《三生三世十里桃花》播完，世间就有了一种爱情，叫作"夜华爱姑姑"。于是，那个爱得深沉、宁愿为她舍去性命的夜华，便成了千万人"隔壁家的老王"。

和朋友在饭桌上，我笑说："是不是在别人眼里，我们家就住了一个'隔壁家的老王'？"

自封为"炫妻狂"的哈爸，是公认的爱老婆的人：在外算是创业小成，回家就帮忙陪孩子、做家务，不喝酒、不抽烟、不应酬，无不良嗜好。简直了！

我不稀罕夜华，不只因为"老王"只是传说，还因为我身边就有一个"非传说版"的哈爸。

∞ ∞ ∞

一盘草莓放在桌上，哈爸一声不吭地吃到一颗不剩。一颗都不剩！在刚结婚时，看着空空的盘子，我不禁怀疑：这个男人真的爱我吗？如果爱我，怎么会在吃东西的时候完全想不到我？我居然还想着留着和他一起吃！好多年过去了，孩子都长大了，星星还是那颗星星，哈爸也还是那个哈爸，吃水果时照旧吃得一颗都不剩。

也是这个哈爸，洗个碗能把下水道堵了，永远不知道碗盘的正确摆放位置，挤牙膏永远从中间挤，让我默默在后边捋了多年牙膏壳。有一次看新闻，说一对夫妻因挤牙膏的方式不同——一个习惯从中间挤，一个习惯从下往上挤——结果离婚了，我就禁不住颇多感慨。

如果继续数下去，哈爸似乎也变得乏善可陈了。同样，哈爸若如此这般来评议我，我也定是面目可憎的了。

看来，如若真将夜华配予这世间诸多盼嫁的女子，让她日日受着他清晨占着马桶半小时，衣领非用"衣领净"不能洗干净，鞋子永远不会放进鞋架，带孩子永远掺杂着添乱……怕是也要哭瞎了她当初那双恨嫁的眼吧？

∽　∽　∽

直到如今，哈爸怕是都不知道自己碗盘是放错了的，挤牙膏的方式是与我不同的，吃水果时是可以考虑妻儿有没有吃的——如果我一定要将之作为他身上的"刺"，那我的眼里怕是有更大的"梁木"——我该有多骄傲，才会认为自己比另外一个人优秀。

我警醒自己，看不到对方优点的人，其实是对自己的缺点狂妄无知的人。

如若我艳羡夜华，那便是因为我无视自己丈夫的诸般舍己；如若我向往"隔壁家的老王"，那便是因为我看不到自己丈夫的种种美好。

也许，在每个家里，其实都有一个"夜华"；也许，在每个家里，都有一个被埋没了的"隔壁家的老王"。

因为，婚姻本身，不是试图改变对方的征程，而是不断认识自己的道路。

CHAPTER 2

美好的婚姻，
始于婚前学习

---> 开车上路前需要请教练、考驾照；进入职场前需要攒学历、先实习。可是进入婚姻，却好像谁都可以。真的是这样吗？

原生家庭的样板，并不是婚姻的全部

◆ 哈爸

从时间上看，我和哼妈认识没多久就结婚了，看似闪婚；但实际上，我们所接受的婚前学习和心理准备是很充分的，比我们已知的90%以上的夫妻都要多。

在确定恋爱关系后，我们请了一对榜样夫妻作为导师，选择了完整的婚前辅导教材，确定了固定的婚姻学习时间。在领结婚证之前的那个国庆节，我们还邀请了双方的父母，以及哼妈的哥嫂、我的哥嫂，大家住到一起来商谈我们的婚事。这段时间，两家人同吃同住，加深了我们对彼此家庭的认识和了解。

也许有人认为，自己虽然并没有经过婚前学习，但婚姻感觉也还不错。其实，大家都是有学习的，只不过大部分人的学习经验直接来自自己的家庭，学习的榜样主要是自己的父母。但这样的学习无疑是非常片面的，在单一的婚姻模式中，我们会以为那就是婚姻的全部。

我认识一位男士，年过40却始终未婚。他可以很爱一个女人，却无法与之结婚，也可以不断地恋爱。他认为，婚姻是一切情感的终结。因为他在幼年时便经历了父母的婚变，也在与继母的共同生活中看穿了一个家庭的"面和心不和"。于是，他对婚姻有了恐惧。

如果我们都能有专业的婚前辅导，那我们便有机会重新认识婚姻——原来，父母的婚姻并非唯一的样式。

我们从小就要学习语文、数学、英语、物理、化学等各门功课，有些功课真的挺难，所有人都会努力学习，其实相比之下，婚姻更难。可是越难的事情，大家反而越不去学习，这不是很奇怪吗？

婚前学习的意义在于，它让我们在进入婚姻之前就知道，==婚姻是需要学习的——从遇到对方的那一刻开始，直至我们离开这个世界与对方告别，终其一生都需要学习。==

因此，我想给准备走进婚姻的人们提点建议：

第一，如果你身边有可以作为榜样的好夫妻，就尽量向他们表达学习的意愿。

第二，现在有很多关于婚姻的很好的辅导课程和书供我们选择，请两个人共同学习、阅读。

婚姻这一课，迟早都得上。婚前不上，婚后也得上，而后上明显会麻烦很多，因为它意味着两个人将带着伤口、愤恨、芥蒂来面对婚姻的教训，而此时再思考在一起是否合适，代价也太大。

一对榜样夫妻，几本婚姻好书

◆ 哼妈

认识70天后，我们恋爱了。

在恋爱后的前70天里，我们都在上课。

每周六上午10点，在我家客厅里，我和哈爸及一对中年夫妻，4人各持餐桌一方，桌上是我们的婚前辅导课本。辅导我们的，是杂志社总编和他的妻子。

这对夫妻，丈夫温文尔雅，妻子温柔干练。经由他们，我看过丈夫不吝欣赏妻子的目光，也见过妻子巧妙提醒丈夫的智慧。

这是一种完全不同于我以往认知的夫妻模式。

我一直以为，爱情有很多种，但婚姻只有两种：一种如我的爸爸和妈妈般的爱情，还有一种就是邻居家的叔叔和阿姨之间的爱情。我爸和我妈，一生都处在强弱对抗的格局中，前半场我爸强，后半场我妈强。而邻居家的叔叔和阿姨，则始终停滞于妻子牢骚抱怨、丈夫消极不作为的阶段。

我向往一种更美好的夫妻画面，却不知道那该是怎样的。

而这对导师夫妻，让我看到了一种类似"骨中骨、肉中肉"的婚姻样式。这位妻子，也让我对"为人妻"有了不同的认识与思考。

妈妈从小就教育我，女孩一定要自立自强；女孩也是半边天；女孩只有超过男孩，才有可能被别人看到。于是，我努力上进——小学和中学成绩一直名列前茅，高中考入实验班，然后进入重点大学。在大学里，我积极要求入党，办刊办报，即使是实习，去的也是大名鼎鼎的《南方周末》——我用这种努力的姿态，与这个世界上的男人"抗衡"。

然而，我的婚前导师却告诉我，在婚姻里，女人于男人而言，最好的诠释是：帮助者。

帮助者，不是让他成为你想要的那个人，而是帮助他成为更好的自己——更好的儿子、更好的父亲、更好的丈夫、更好的朋友、更好的同事……

接受辅导的一路，也是我与这个世界上的男人"握手言和"的过程。我开始转身，向这个男人走去。

于是，我开始慢慢理解：在婚姻里，丈夫成为决策者，妻子成为帮助者，并不是一种高低位序，只是婚姻中的不同分工；而女人的天赋、长处与特点，也更适合扮演帮助者的角色。如此，妻子的价值会因为这种定位和分工而越发彰显出来。就如同企业中的CEO与联合创始人，不同身份相互协作，却一同成就事业。

我们始终感恩,在我们进入婚姻前,有这样一对夫妻成为我们的婚前导师,他们几乎毫无保留地向我们展示了他们在婚姻中的心得与教训。他们将自己作为样板、案例,让我们明白了,婚姻既不是"王子与公主从此幸福地生活在一起",也绝不仅仅是柴米油盐酱醋茶。

除了选择这样一对榜样夫妻作为我们的婚前导师,我们也共同阅读那些婚姻方面的经典书籍——《男人来自火星,女人来自金星》《男人需要尊重,女人需要爱》《牵手一世情》……

不经学习的婚姻,如同一场豪赌。只有做足准备,才能更好地一路同行。

降低你对婚姻的期待

◆ 哈爸

人心就像浩瀚的海洋,如果没有海水把它注满,它就是空的。我们每个人内心都有一个巨大的空洞,里面装着很多需要,我们常常把这些需要寄托在外界和别人身上,尤其是自己的亲密爱人身上。我们以为,只要有了亲密爱人,就有了很好的家庭关系,有了很好的孩子、很好的事业……这些需要得到满足,我们的人生便得以圆满。

如果我们带着这么高的期望走进亲密关系,即将面对的极可能是失望——即使是最亲密的爱人,也不可能完全满足你内心的需要。没有人天生为你而生,你把那么多期望放在伴侣身上,这对他/她是不公平的。不幸的婚姻各有各的不幸,而其中一种不幸就是,当对方没有满足你的需要时,你或者用抱怨责备打击他/她,或者用威逼强求压垮他/她。

因此,在进入一段关系之前,我们首先要降低期望。我和哼妈在婚前就知道对方是怎样的人。因为经过充分了解，所以不会盲目期待。

结婚这么多年，哼妈从不曾像别的女生那样，抱怨我不够浪漫。她知道自己的丈夫是个不会浪漫的家伙，所以从不曾在这方面有过期待和失望。如果我哪天在买菜的时候顺便在路边买了一束花，那她会惊讶万分。

但这并不意味着哼妈对我不抱希望，她也鼓励我成为更好的丈夫、更好的父亲、更好的儿子——那个基于我而更好的我。

美好的婚姻，是世间最美好的关系，它将揭示两个人生活比一个人生活更幸福的全部奥秘。

然而现实是，当我们在婚姻中遭遇不幸时，当我们失望于对方原来不如自己想象中那么完美时，我们往往试图另辟蹊径，学习如何自我关怀、自我接纳、自我满足。但是，人无法自己同时成为爱的发源与终止——爱一定是经由关系而产生和流动的，这就如同身处泥潭里的人不能提着头发把自己提起来一样——一定需要有人给他一根杆子帮他爬出来。

世间没有完美的婚姻。在婚姻里，我们要降低对彼此的期待。他或她，只是与你一起缔结并经历独特关系的人。

认识与你共度一生的这个人

◆ 哼妈

朋友一边翻炒着锅里的黄瓜炒蛋,一边诉说着丈夫前一天的无语行径。

"晚上回家都10点了,我收拾屋子,他哄孩子睡觉。我拖完地,他还在床上躺着。门口那么大一个包装箱,他没看到吗?不知道要把新买的自行车装好吗?"

她的丈夫,会把深色衣服和浅色衣服一股脑儿扔进洗衣机,晚上回来时会把早上出门前答应得好好的事全忘了……

我靠在厨房门口说:"我们家哈爸也这样。包装箱放门口10天,他也'看不见';扔进洗衣机的可能不只是衣服,还可能有'不明物';上一分钟说好的事情,下一分钟他就满脸茫然……"

他本来就是这样的哈爸。

在婚前辅导课里，有一页要求双方写下自己的优点，尽可能详细，然后逐一向对方举例阐释。下一页则是要求双方写下自己的缺点，也尽可能详细，同样逐一向对方举例阐释。我清楚地记得，第三页只有一个问题：将与你进入婚姻的，是第二页那个满目缺点的他，你能全然接纳吗？

这些年来，我们从未生出"怎么结婚后他变了"的喟叹，因为早在婚前，我们就已经明了，与我携手的他，并不完美，却弥足珍贵。

那么多次的婚前辅导课，我们认认真真地上过：充分讲述由祖辈而始的原生家庭状况、家族文化和传统、从小到大的人生经历、过往的恋爱史、人生观、价值观……在整个辅导过程中，在导师的带领下，我们花费了很多时间讨论"婚姻是什么""婚姻的目的是什么"这类深入婚姻本身的问题。

正是通过这样的过程，我们得以重新认识婚姻，重新认识自己，也慎重看待对方——如若选择，便为接纳。

当我们以审慎的态度对待婚姻时，婚姻也以其丰厚回馈我们。哈爸和我——一个理性、一个感性，一个激进跳跃、一个保守规划，一个思考价值意义、一个着眼柴米油盐——如此迥异的两个人，却一同静水流深这许多年。我们面对分歧时，不会"莫名其妙"，因为我们知道，对方如此这般，只是因为他有那样的性格，他有那样的人生经历，他来自那样的原生家庭……

在西式婚礼中，有一个很正式的"质问"环节——"在婚约即将缔结之时，若有任何阻碍他们结合的事实，请马上提出，否则，请永远保持沉默。""诘难"之后，才是隆重的盟约——"无论疾病还是健康，贫穷还是富裕，或者任何其他理由，都爱他、照顾他、尊重他、接纳他，直至死亡。"

在我看来，长长的婚前辅导，其实就是一个扩大版的"质问"环节：对方与我性格差异这么大，要不要与之结婚？我们的价值观并不是那么的契合，要不要与之结婚？对方有那么多"坏毛病"，要不要与之结婚？对方有那般的恋爱史，要不要与之结婚……

当然，婚前辅导虽然非常重要，但并不是一剂万能药，不能解决所有的婚后问题。例如，尽管婚前我就知道彼此的差异会导致很大的摩擦，但这并不能让我们由此而避免矛盾。但是，因为对彼此有了充分的了解与接纳，我们不会认为对方"不可理喻"——在日复一日的磨合中，哈爸越发体谅我的计划性，尽量给我预留心理准备的时间；而我也努力调整，增强自己面对突发变动的包容力。

美好的婚姻源于，在婚前，我就已经"认识"他了。

勇敢说出你的不堪

◆ 哈爸

现在有一类情感类节目,男女双方在婚前将各自的问题说一说,然后情感专家开始指导——高效、快捷。

说实话,我很反对这种"快餐式"的婚前辅导。婚前的评估和决策,需要两个人冷静地、全面地、细致地,甚至是缓慢而渐进地深入。这个过程愈往后会愈艰难,因为越深入,便越不愿启齿,它将直抵我们阳光背后的阴影、光鲜背后的溃烂、无瑕背后的不堪。

例如,我在看到性感女性时,脑子里会出现很多怪念头,要知道,男人在情欲方面常常非常软弱,这并不是一件便于启齿的事情。我选择把自己的这种不堪诚实地说给哼妈听,我知道这对她来说很难接受——但越是这样,就越需要剖白。因为,我需要确定,她是否能接纳这样的我,我也需要确定,我能否从她那里获得帮助。也可以说,这是一种婚姻的风险规避:选择在婚前说出来，真诚的态度更能被对方接受，也避免了因结婚后被发现而崩盘的局面。

越是那些你想要隐瞒或遮掩的事情，越要在婚前说出来；越是那些让你担忧说出来关系可能会崩掉的事情，越要在婚前说出来。

婚姻，是两个人合二为一的路途，选择一段沉默与隐瞒，便是选择有一段路，你一人独行。

建造对方，也建造自己

◆ 哼妈

在准备晚餐前，我照例询问哈爸今天是不是按时回家吃饭，哈爸回复会晚一些，并希望我煮新买的那袋大米。

当时米已下锅，而且我并不认为他做了一个好决策：过不了多久我们就要搬家，已经开封的米剩下不多，吃掉正好省得搬，而且新买的那袋米拆开包装后，也不好搬运。

他到家时，正赶上开餐。可当他看到眼前的这碗饭时，他生气地问："我不是说了煮新买的那袋大米吗？"

"先把这袋吃完吧！"

"我不想吃这种饭！明天你煮不煮新米？"

"煮！必须煮！"有人说，家不是讲道理的地方，一点也没错。

他终于提起筷子，火气也开始往下降。

"那现在这袋还剩了不多,我们还是煮粥吃吧?"

他对我的这个提议相当满意,于是,脸色开始"多云转晴"。

其实,这本是一位朋友千里迢迢寄过来的大米,据说是无污染土壤种植,且未经深加工的,故而口感粗糙,颜色也不白滑。

"你知道我为什么讨厌这种米吗?因为它跟我中学时带去学校的米颜色一模一样。那时候每个同学都要带米去学校,轮流送去食堂蒸。别的同学带的米蒸出来都是白白的,只有我的米蒸出来的是这种颜色的饭。所以一轮到要蒸我的米,我的压力就超大——我不知道为什么我们家的米永远都是这种颜色的。"

原来如此。我终于理解他火气的源头了——这种米饭里,埋藏着一个少年的自卑、愤怒与无奈。

我们再一次彼此接纳,我们的关系再一次被建造,而不是被摧毁。

美好的婚姻建造关系——不仅建造自己与对方的关系,也建造自己与自己的关系。

在结婚的前两年里,我们花费很多时间来分析,我为什么不能接受自己被否定,是因为自卑还是骄傲,责任心还是好胜心……

在这一过程中,他帮助我切入自己的内核,让我不再与那个不够好的自己为敌——他接纳我的全部,也帮助我接纳了我自己。

有人问我："如果曾经的一段经历，可能会破坏将来的婚姻，那么婚前是该隐瞒，还是该坦诚？"我建议她选择后者，并不是因为"纸包不住火"，而是因为，好的婚姻可以医治伤口。

如果选择隐瞒，即使一生都不曾被发觉，这样的一生也将会何其煎熬——你只是让他侥幸放过了你，而你却并没有放过自己。如果选择坦诚，若他也无法接受，你们本就不能合一；若他决定接受那些你不够好的部分，那你们的婚姻就能彻底融合，你便会有勇气止住生命创伤的溃烂败坏，也会有力量最终接纳全部的自己。

走出原生家庭的痛

◆ 哈爸

我之所以这么用心地经营婚姻,跟我的原生家庭有很大关系。

我父母的婚姻裂痕斑斑,给我们兄妹留下了一些伤害。记得在我小的时候,他们似乎总是吵架,一旦吵架,他们就会在家门口的田地里哭天喊地。每当这时候,我总是躲在门后无助地看着他们,妹妹总是哭着上前想把他们分开。

每当我回想起小时候的这一幕,一种不安全感就会涌上心头,那是一种类似哀莫大于心死的感觉。我想逃离,也想获得,所以直到我长大以后,妈妈有时还会取笑我说:"你这孩子嫌贫爱富,从小就想去给隔壁阿姨做儿子。"

妈妈说的这件事,我至今还有印象。当时我才四五岁,有一天,我拎着自己特别喜欢的小炉罐,穿上自己最好看的小皮衣,很认真地对妈妈说:"妈妈,我要走了,去隔壁阿姨家,给他们当儿子。"因为在我看来,那是一个很和睦的家,有一份很安宁的父母之爱。

后来，在读中学甚至大学的时候，我很喜欢去我叔叔家。因为在我看来，叔叔和婶婶总是有商有量、有说有笑。他们的女儿，拥有我从未感受过的父母合力的爱。

可惜，我的父母只看到我想去的是殷实的家庭，却不知道我是在用行动告诉他们，他们在婚姻里的争吵与伤害，在用一种撕裂的方式让孩子恐惧与痛苦。

我痛恨父辈的婚姻样式，所以长大以后，我清楚地告诉自己，我一定要好好经营和维护自己的婚姻，不能让我的婚姻成为父母婚姻的复制品。在进入婚姻前，我决心努力经营这份独特的关系。认识哼妈之后，我们一起经历的婚前辅导，更加深了我的这种认知。

对美好的婚姻坚信不疑

◆ 哼妈

2017年清明节,我回到了小时候生活的地方。

发小也专程赶回来。大雨敲打着遮雨棚,聒噪而忧伤。我们一个个回忆儿时的伙伴,谈及她们的近况,最后竟发现,没有离婚且夫妻和睦的,几乎只剩下我们俩了。对着门外的雨帘,我们一阵唏嘘。

这是一个怎样的时代?很多人悲观地认为,这是一个很多人可以在婚姻中随时"换频道"的时代,也是很多夫妻一言不合就可以"离"的时代。"从一而终"不再被一般大众所标榜,坚忍努力被等同于委曲求全。有些人认为,房子、车子、票子、孩子,都比婚姻更值得去经营。传统的婚姻观正在被摒弃,而新的健康的婚姻观却并未建立。

这是一个对婚姻缺乏敬畏的时代。

如果没有信仰，那么我对婚姻的所有学习，也将来自这样一个时代，这样一个在很多人的婚姻观上"礼崩乐坏"的时代。

当时，发小的孩子在推车里咿咿呀呀，我的小哈也在身边跑跑跳跳。

我们陷入沉思：当我们的孩子长大后，他们将习得怎样的婚姻观？如果有一天，我需要对我的孩子讲述如何保持恋爱的尺度，如何在婚姻里信守盟约这类话题，而我的孩子用一种陌生又彷徨的眼神来面对我，我又将如何教他分辨是非对错……

好在，<u>我们是孩子人生的第一对榜样夫妻。我们对待自己婚姻的态度，是给孩子上的第一堂婚前辅导课。我们送给孩子的第一份厚礼，就是对美好婚姻的坚信不疑。</u>

当我们夫妻清贫度日时，我们的孩子看到了贫贱夫妻并非百事哀；当我的丈夫小有身价时，我们的孩子依然看到爸爸拖地、妈妈熨衣；当我们夫妻遇到分歧时，我们的孩子看到的是丈夫舍己、妻子顺服……我们用自己的婚姻向孩子阐释，什么是"婚约"。

我的信仰，让我认识正确的婚姻，也愿我的婚姻，让我的孩子认识真正的信仰。

CHAPTER 3

幸福婚姻的秘密，就是让"我"成为"我们"

-----> 婚姻，是一条从自己通往对方的路。幸福婚姻的秘密，就是让"我"成为"我们"。

男人需要尊重，女人需要爱

◆ 哈爸

在幸福的婚姻里，男人需要尊重，女人需要爱。也就是说，妻子最基本的需求是爱，丈夫最基本的需求是尊重。如果妻子能以尊重的态度对待丈夫，丈夫能以爱的态度对待妻子，那么这样的婚姻便会走向和谐幸福。

更重要的是，无论丈夫爱妻子，还是妻子尊重丈夫，都应该是无条件的。也就是说，无论妻子是否尊重我，我都应当无条件地爱妻子；无论丈夫是否爱我，我都应当无条件地尊重丈夫。

如果一个男人是因为妻子漂亮才爱她，一个女人是因为丈夫有钱才尊重他，那么这样的爱或尊重就变成了有条件的"互利"关系，这种婚姻中的双方很容易焦虑且缺乏安全感——因为丈夫爱的并不是妻子本身，而是她现时的容颜；妻子尊重的也不是丈夫本身，而是他身后的财富。

对我来说,这个问题完全不存在——过去在我多次辞职回家时,哼妈每一次的迎接都让我明白,哼妈尊重我,只是因为我是她的丈夫。虽然创业压力很大,但我知道,即使失败了,我的家庭仍然安定——哼妈还是会在家里等我回来,甚至会欢迎宽慰我。

无条件地爱她,无条件地尊重他,如此,婚姻将激发出巨大能量。

» 丈夫怎么爱妻子

我是个不善言辞的人,然而唯独在"炫妻"这件事上,从不吝惜口舌,以至于被最初的关注者们冠以"炫妻狂"的称号。我很乐意接受这样的称号,并在创业后的第一张名片上,印上了"炫妻狂"的头衔。我认为:才德的妇人,当成为丈夫的冠冕。

我们做丈夫的,需要学会随时肯定与赞美自己的妻子。

我一直在通过对哼妈的随时肯定来传达我爱她这个事实,尤其是在父母和外人面前。这些年,我身边的朋友和亲人都对哼妈尤为看重与爱护。就连我高龄的奶奶也莫名喜欢她,哼妈每次回老家,奶奶总惦记着让她去自己那里住。

然而,怎么夸妻子,对很多男人来说并不是一件容易的事情。

除了大V店创始人,我的另一个身份是亲子阅读推广人。我发现孩子们都很喜欢一类书,在阅读的过程中玩得很开心,那就是"找不同"的书。虽然两幅图看起来差不多,但仔细寻找会发现很多细微的不同之处。阅读这类书可以训练孩子的观察、归纳等能力。

我们做丈夫的,如果在现实生活中也能随时玩一玩"找不同"的游戏,就会让妻子感受到你的关注与肯定。

当妻子穿了件新衣服时,我会说:"这条裙子穿在你身上,真的很好看!"

当家里多了一个新物件时,我会说:"这个杯子的花纹很漂亮,你从哪里搞到的?"

当家里的物件有所移动时,我会说:"家里好像宽敞了好多,你肯定费了不少心思吧?"

…………

如果你也这样去做了,你就会发现,"关注"和"肯定"的语言互动会大大改善夫妻之间的关系。

当然,妻子也需要时时提醒丈夫去"看见"和"关注"。哼妈就常常跟我说一句话:给我你的注意力。因为有时我虽然就在她身边,但很容易"神游四方"。有时家里有所变动,我没有及时看到,哼妈就会提醒我说:"你看看家里今天有什么不同?"然后,我就开开心心地去"找不同"了。

哼妈很受用我的肯定和夸赞,她说我是在用这种方式带领她成长。**好妻子,是夸出来的。**

» 妻子怎么尊重丈夫

我曾经听过这样一个故事:

一位妻子认为自己无法跟那个一无是处的丈夫继续生活下去了,这天,她需要刻不容缓地与丈夫谈谈离婚的事情。当她走进丈夫的公司时,前台秘书热情地接待了她,并请她在旁边坐着等一会儿,因为此刻她的丈夫正在处理几件重要的事情。

等待的时候,她先看到一个妆容精致的助理来到她丈夫的桌前,恭恭敬敬地递上文件,请他签字;又看到一个衣着庄重的同事,谨慎认真地向她的丈夫汇报项目的进展……就这样看了20分钟,她发现整个公司的人都对她的丈夫恭敬有礼,没有任何一个人言辞随意、衣着随意、妆容随意。那一刻,她突然发现——原来,这个自己在家里指责、抱怨、看不上眼的丈夫,在公司却被员工们这样尊重!原来,她是在践踏自己的丈夫。

最后,她一句话没说就悄悄离开了。

想一想,你是不是也犯过这样的错误——身边那个受外人尊敬,甚至在别人眼中如此舍己、如此努力、如此与众不同的丈夫,在家里却被你各种瞧不上?你或许没有意识到,自己此刻就像故事中的那位妻子一样,是在轻贱自己的丈夫。

来自妻子的尊重,对一个男人来说是巨大的肯定——这是更为本质的尊重,是尊重这个人本身。男人在职场上获得尊重,是因为成就;在运动场上获得尊重,是因为技能;在游戏里获得尊重,是因为会玩……但所有这些,都不如妻子的尊重来得完整和有力量。

尊重你的丈夫吧!因为尊重是男人的天空,也是你能给一个男人的最好的爱。

男人被尊重，真的能上树

◆ 哼妈

不久前，我们和另一个家庭开始了每周一次的"共学家庭读书会"，爱默生·艾格里奇的《男人需要尊重，女人需要爱》是我们共读的第一本书。这本书使我们两个家庭的夫妻关系都得到了很好的建造。从这本书及读书会现场丈夫们的反馈中，我重新认识到"尊重"对于男人的重要性——真的超出我的想象，我开始在我的婚姻中进行更好的操练。

有人说："男人靠得住，母猪能上树。"不被信任和尊重的男人，难以抵达高峰。一位美好的妻子，在面对处于低谷的丈夫时，依然会给予敬重与激励。无论丈夫一生成就如何，我们尽了为妻的本分，婚姻便会以其独有的面目来回报我们。

» 一个真相

很多年前,美国著名心理学家、华盛顿大学心理学系教授爱默生·艾格里奇曾带领一支科研队伍,对2000对夫妇进行了长达20年的研究。研究发现,在婚姻关系中,最具腐蚀性的因素是轻蔑。

人们,包括男人自己认识到一个真相:对男人来说,如果缺少尊重,就像鸟儿失去了天空。

在日常生活中,妻子们经常这样自问:"我的丈夫会爱我就像我爱他那样吗?"她内心清楚地明白自己很爱丈夫,可她总是在怀疑丈夫是否爱自己就像自己爱他一样多。所以,当丈夫表现出一些冷落或不合心意时,她就会以特别反抗的情绪去回击。妻子们通常采取的态度是抱怨、批评、指责,目的是激励丈夫更爱自己(更顾家)一点,或者更上进一些。然而不幸的是,这种激励办法的成功率是零——女人们怎么会以为自己这样攻击丈夫是激励,同时还期望丈夫会更爱自己呢?

事实是,当男人听到消极批评的时候,他会理解为这是对他的蔑视。如果一位丈夫再也无法忍受妻子的埋怨与指责,他就可能站起来,一句话不说冲出门去。可怜的妻子本来就觉得丈夫不够爱自己,她只是试图通过这样的方式靠近或帮助丈夫,可他却表现得如此糟糕,一句话不说,一走了之,他简直就是这个世界上最可恶、最没有爱心的家伙。

此时此刻，妻子的心情坏到了极点，她甚至萌生了离婚的念头。但如果她能静下心来想一想，她就会认识到，她指责丈夫是出于爱，但他听到的却是不尊重：他远离冲突现场是为了防止矛盾进一步恶化，而她看到的却是爱的失败。

所以，一个真相是，当丈夫言语粗暴或根本不说话时，他是在向妻子传达这样的编码信息："我想要你的尊重！"男人尽管看上去很强大，但他们在情感上往往非常脆弱，特别是对那些听起来有轻视、不尊重意味的话语非常敏感。这一点，许多女人往往并不了解。

事实上，每一位丈夫都有一根连接到"尊重的氧气瓶"的空气软管。当"尊重"可以流畅地进入管道时，他就会感觉良好；但是，如果妻子开始用尖锐、抨击的言语来挤压或割断管道，他就会因"缺氧"而变得情绪和行为负面化。

» 一种态度

男人对尊重的需要，完全超乎女人的想象。

如果我们进一步强调妻子要无条件地尊重丈夫，很多妻子会觉得很可笑："那么我是否要默认丈夫可以随心所欲了？哪怕他打骂我，我也要尊重他？"

妻子们会觉得这很荒谬。实际上，令大多数妻子不明白的是，无条件的尊重意味着，当面对不合心意的行为时，你仍然能保持尊重的态度——不施白眼，不沉重叹息，不用手指戳戳点点，不一脸苦相，不冷嘲热讽，不轻易对他下负面的定论——从长期来看，侮辱性的指责没有任何益处。

站在妻子的立场上，她最大的恐惧莫过于，如果一味敬重丈夫，自己可能会被丈夫当作逆来顺受的可怜虫，遭到轻贱甚至更残酷的对待。然而，无数婚姻研究的结果，以及婚姻辅导的实例证实，尊重是男人的天空，如果妻子尊重自己的丈夫，那么多数丈夫会在妻子这里感受到自己作为男人的价值和尊严，有的甚至可以为她舍去自己的生命！

美好的婚姻是一种动态平衡：当妻子尊重丈夫，把他看作主导者时，丈夫会将妻子捧在手心，把她看作最重要的人，与她白首相依。

（注：本文摘编自《男人需要尊重，女人需要爱》一书）

哼妈的"炫夫三字经"

◆ 哈爸

》第一个字：炫

我被大家称为"炫妻狂"，但大家不太知道的是，哼妈也喜欢"炫夫"。她是怎么炫我的呢？

哼妈曾经写过一篇文章，叫作《炫妻的三重境界》。她在文章里说："但凡你觉得哼妈有那么一点点了不起，就请务必注意，能带领如此了不起的女人的那个男人，更加了不起！"

哼妈的朋友圈，是她"炫夫"的主要阵地。

> 我拉着岳母过马路，她说："有一种女婿，是过马路时可以拉住丈母娘的手的女婿。今年，我决定给他颁发'最佳女婿奖'。"

> 我陪着小哈疯玩，她说："一个男孩和一个好男人

在一起，这个男孩就很难走上邪路。"

她拍下我和小哈在一起的瞬间，并说："所谓父亲，就是竭其所能为你铺路的那个人；就是抱在膝头、捧在手头、骑在肩头、跟在后头的那个人。"

她向她所有的朋友夸赞我，也使我更加努力去成为更好的丈夫、女婿、父亲……

她不仅向"外人"炫，连我爸妈都知道，儿媳妇维护老公维护得厉害。

我唱歌时，爸爸说我五音不全，哼妈就会说："我觉得很好听呀！"

我打完电话，爸爸说我不会说话，交不到朋友，哼妈就会说："哈哈是讲真话，是真诚，结交的都是诤友。"

如果我在家里坐着不干活，爸爸说："你怎么不去帮帮忙？"哼妈就会说："我们家哈哈是做大事的。"

爸爸无奈地摇摇头，笑着说："行，我儿子成了你家哈哈后，就什么都是好的了！"

从此，我这位以"贬斥"为主要教育风格的传统父亲，再也没说过自己的儿子哪点不好了。

有一年过年，哼妈陪我一起回老家，大姨说哼妈胖了："胖点好，好看！"哼妈立马说："那是我们家哈哈养得好！"亲戚们顿时哄堂大笑："这都能夸到你家哈哈头上？"

作为一个男人，当听到哼妈这样炫我的时候，我就不仅仅是得意那么简单了，而是觉得自己深受尊重。

» 第二个字：夸

炫和夸是有区别的。炫是你向别人夸赞你的伴侣，而夸呢，是你向伴侣表达对他的肯定。

我与哼妈结婚的时候，可谓一穷二白：没车，没房，没票子，甚至还因为曾经借钱做公益而负债累累。而且，当时我不确定自己人生的意义、存在的价值，整个人状态比较低迷。

而此时的哼妈，跟我同在一个杂志社。论职位，当时她是总编助理、采编中心负责人，而我不过是一个记者编辑；论工资，她的工资大概是我的3倍；论学校，她毕业于重点大学，手握两个学士学位，而我则毕业于普通本科院校。

按说，在这么优秀的哼妈面前，我实在没有什么值得被夸的。因为没有自信，所以我问她："你为什么要嫁给我？"张震岳的《爱之初体验》里有一句歌词：你爱我哪一点，你也说不出口。但哼妈却很快就说出来了，她说我有思想、有深度。一开始，我根本不相信，但她不断地告诉我"你喜欢看书，喜欢写作，跟你说话我很受启发"之类的。尤其是当她说我有思想时，眼神中透露出的仰慕，让我觉得她真是这么认为的。就这样，我的自信一点点回来了。

我相信，对于一位努力尊重丈夫的妻子来说，自己的丈夫再不济，她也一定能找到可夸之处。

我曾经在5年里跳了10次槽，做过教育杂志，做过家教杂志，做过公益网站，读过神学，做过出版，干过广告策划，甚至还在同一个公司三进三出。听到这些，所有人（包括我的父母）都会给我3个字——不靠谱。

虽然最初我企图"折腾"时，哼妈并不同意，但每次我辞职回家时，她都会在家门口迎接我。后来，她还对我的"不靠谱"进行了深度分析，总结出了另外3个字——有创意。她认为我是创意型人才，不适合做无挑战性的工作。本来我也觉得自己太折腾了，让哼妈承担了家庭重担，但她却肯定我为"思维活跃、有创意"。后来，我真的用自己的创意创办了今天的大V店。

同一个我，在哼妈眼里，却与这个世界所认为的我，如此不同。

此外，虽然我每天只有两个小时来陪伴小哈，但我们父子之间的感情却很深厚，这也是哼妈夸出来的。

每天上班，小哈都会跟我亲亲，然后和哼妈一起祝我"工作愉快"。有人问小哈："你爸爸每天去干吗？""我爸爸去工作。""你爸爸的工作是干什么?""是上班啊!""为什么要上班呢?""因为很多人需要我爸爸,我们也需要爸爸赚钱养家。"在小哈心里,我是一个被很多人需要的"很厉害"的爸爸,这是哼妈在他心里种下的"好爸爸"的种子。小哈常说:"爸爸是我的游乐场!爸爸负责玩,妈妈负责爱!"

常常看到妈妈夸爸爸的孩子,最知道爱的样子。一个被自己的妻子由衷肯定的丈夫,胜过世间风光无数。在妻子的口中,有一个对男人最重要的评定——它可以成就一个男人,当然也可以摧毁一个男人。

» 第三个字:靠

依靠,意味着信赖。在我们这个时代,出现了太多的女强人、女汉子,她们摆出一副完全不需要男人的架势。然而,女人需要男人,正如男人需要女人一样。

我认为,妻子有3件可以依靠丈夫的事情:一是经济上的依靠,二是身体上的依靠,三是精神上的依靠。可能我这么说,会被有些人扣上"大男子主义"的帽子,且听我慢慢道来。

先说经济上的"靠"。

哼妈原来在经济上是不需要依靠我的,她甚至一度将整个家庭的经济重担都挑在自己肩上,承受了非常大的压力。

后来,哼妈终于开始放手。她发现,自己卸下重担、两人分担后,我竟然好像变了一个人似的,她原来忧虑的还房贷、养孩子根本不是问题。我倒不觉得是我变了，而是我们把夫妻的角色和关系弄对了。

再说身体上的"靠"。

见过哼妈的人都知道，她是一个娇小的女人。她的身体无论出现什么问题，哪怕只是嘴里出现了溃疡，都非要让我看一下，好像我看一下就会好似的。我们一家外出，重的袋子和孩子，都在我身上。那时，我感觉自己和贝克汉姆一样帅。

最后说精神上的"靠"。

无论留在重庆还是搬来北京，无论辞职创业还是留在杂志社，甚至买衣服这样的小事，哼妈在给出她的意见之后，最后都会尊重我的决定。

记得刚来北京时，我把哼妈和小哈折腾了好几回。那时我们还不适应北京的气候，觉得这里又冷又干燥还有雾霾，我就让他们离开了北京。他们刚刚离开一周左右，我便开始想他们，就又让他们回来。可在北京待了一阵子，看着他们实在可怜，我又劝他们离开。如此反复三四次，哼妈都毫无怨言。她也能够体会，我之所以这样反复改变意见，还是为了他们好。但从此之后，我在做决定时也更加谨慎。

男女无对错，只是有不同。男人需要尊重，女人需要爱。男人借着陪伴、体恤、关注、肯定、忠诚、带领来爱妻子，女人借着炫、夸、靠来尊重丈夫。这些才是婚姻里彼此融合的路径。

不试图改变对方，改变才会真正发生

◆ 哼妈

2016年末，我们照例回老家过年。

大年三十的上午，公婆家大大小小9口人浩浩荡荡地出发了。中午，全家在大伯家聚餐，晚上，则在堂弟家用宴。我妈在微信里问我："今年年夜饭吃些啥呀？"我说："吃得挺丰盛，就是不知道哪顿算是年夜饭。"

这是一个完全不一样的"家"。

在我原来的家里，过年只有4口人。一家人高高兴兴、忙忙碌碌地操持一桌年夜饭，吃完饭洗澡换新衣，晚上一家人围坐，聊聊天、看看电视、吃吃零食，然后一起守岁……

我一直以为，所有的家庭都是这样过年的，清清爽爽，安静温馨，直到我进入婚姻。

这是一个庞大的家族。公公这边4代共有60来号人。第一次在一起过年时，我整个人都蒙了：那么多人，那么闹腾，那么大几张桌子，还是会有人站着吃饭。打牌是除夕夜的主要娱乐，没有围坐看电视，没有聊天嗑瓜子。整个春节，轮流在不同的亲戚家开席，我永远都不确定下一顿自己会端起谁家的碗。

婚前我就知道，哈爸来自一个大家庭，而且这个家族很抱团。那时，我甚至期待能有这样一个大家庭——我自小就和父母生活在外地，很少回故乡，所以很向往那种在大伯家吃饭、在姑姑家睡觉的生活。可是，我并不知道，大家族其实是这样过年的。

几年前，我丝毫不能理解将近年关时哈爸的雀跃。在我看来，他们这种"回家过年"，除了打牌和吃饭，什么也没干——既没有陪爸妈唠嗑，也没有与哥嫂座谈，更没有同亲戚话家常。在哈爸看来，我分析的一切都对，但都抵不过他那颗莫名其妙盼归的心。

然而，几年后的春节，哈爸在老家只待了十多天，我却住了一个多月——在离开老家的日子里，我几乎都在"盼归"。

这便是婚姻的奇妙之处：我试图改变对方时，往往无功而返；而当我放弃改变，选择理解和尊重对方时，改变才会真正发生。

我想起了前些年，哈爸频繁跳槽的那些日子。

每次辞职后，他或者在家看一阵书，或者花几万元整个公益网站，然后"晾"着，或者跟某位教授商议结集出书……我拥有的不是"猪一般的队友"，而是"云一般的配偶"——"折腾"，是所有变化中唯一不变的主题。

哈爸的创新能力很强，他获知和研究新事物很快，所以总会有一些奇思妙想。他的激情与兴趣，总是在发现与挑战新的创意和项目上。

当然，这些都是我后来才总结出来的。

最初，面对不懈"折腾"的哈爸，我真的难以理解。因为，如果一项工作我能驾驭了，那我会觉得这是一件值得高兴的事，接下来就是不断地熟练、精进、积累。但是，这套逻辑不适用哈爸。如果一项工作他能驾驭了，也就意味着这项工作将要"玩完"了：如果这件事情别的同事需要8小时完成，他会在5小时内做好，然后用剩下的3小时，悄悄"折腾"一些毫不相干的事情。而很快，那5小时也将变得索然无味。

结婚的最初4年，哈爸就这样保持每年换两个工作的频率，而我，则以为自己此生会在同一家杂志社终老。

这4年里，我无数次苦口婆心地对哈爸阐述职业积累的重要性，无数次动之以情、晓之以理地跟他分析在职场操练、坚持的意义与价值，然而，一切口舌皆枉然。

2013年，公司重组，孩子降生，我虽然还没来得及终老，却不得不离开了那家杂志社——哈爸想怎样"折腾"，都随意吧！

然而，我不曾想到的是，接下来的4年，哈爸都不曾"跳槽"，一次都没有。

这就是婚姻，不刻意改变，才会改变。

婚姻，是一条从自己通往对方的路

◆ 哈爸

从对"我、我、我"质疑开始，我开始了自己寻找爱的旅程。然而，在我与哼妈共结连理之时，我并不懂得怎样去爱——我们办完婚礼不足两个月，我就只身去读书深造了。

其实，哼妈打心眼里不想让我去，但她却找不到合适的理由来拒绝：在她看来，我是举了一面大旗——出于自己的理想去求上进。所以，每次我们聊起这个话题，哼妈只好劝慰我："我希望你能留在家里陪我一段时间，毕竟我们刚刚结婚（已经领证）。读书真是一件很好的事情，我也想跟你一起读，但是我还没有准备好，不论经济上还是情感上，我们能不能三四年之后再一起去读呢？"

她情真意切，我也不好反驳。但是，我心里那个读书的梦想"泡泡"却一直没有灭掉，就这样时不时地冒出来闹腾一下，然后再消停一阵。最后，我还是不甘心，于是非常坚定地准备去读书了。当时，我还跟哼妈规划了每个月我的学费是多少，家里开支是多少，余额是多少。几经"闹腾"，哼妈实在没有办法，无奈之下只好同意。

就这样，我只身去了吉林省的一个学校就读。两周后的一天晚上，我给哼妈打电话，她哭着告诉我，自己一个人在家非常害怕，晚上经常担心有坏人进来，就拿一把菜刀放在床头。当时我们住的是一个150平方米的房子，我走之后，家里就只剩下哼妈和一条狗。每天晚上，哼妈从餐厅到卧室，必须穿过黑黑的客厅。

那天挂了电话后，我一夜都没睡着，反复回味哼妈说的话。这次经历对我的触动非常大，原来女人是需要爱和保护的，而我却在她最需要我的时候离开了她。我决定不再继续读下去，我不能让哼妈孤身一人在这种担惊受怕的状态中生活，绝对不能。于是，第二天我便启程回家，坐了三四十个小时的火车，终于从吉林返回重庆，回到了哼妈身边。

这件事其实对哼妈造成了不小的伤害：她抱着对夫妻生活的美好想象，跟我一起走进了婚姻，而我却在婚姻初始就选择转身离开，只留给她一个背影。不过幸运的是，这件事情也让我意识到，女人是需要被爱、被保护的。所以回来之后，我就稍微懂得了一点体恤，并对她做出承诺：从现在开始，只要是你不同意我做的事情，我绝不会一个人去做。我希望用这种方式，来疗愈哼妈那颗被我伤害的心。

后来，不管去哪里，做什么，我都会把哼妈带在身边，包括来北京创业。都说创业九死一生，成功率非常低，而且那时我们什么都没有，对北京也十分陌生，所以我们的一些朋友，甚至爸爸妈妈都建议我一个人先来北京打头阵，等公司建立并稳定后再把哼妈和孩子接过来。这个建议并无不妥，但我还是直接拖家带口地来了。

我之所以这样做，一方面是知道哼妈需要我的爱和保护，我不想把她和孩子孤零零地留在重庆；另一方面是我也需要跟家人在一起，哼妈虽然是一个全职妈妈，却能给我很多心理安慰和智慧的建议，而孩子的陪伴会带给我们很多欢乐。

从那时起一直到现在，哪怕是我的梦想、使命，只要哼妈不同意，我就绝不会一个人去做。所以，哼妈在我们的婚姻里很有安全感。记得曾经有人问她："你选择做全职妈妈，没有工作，没有收入，没有地位，假如你的丈夫以后不要你了，你不是人财两空吗！到时候你带着一个几岁的孩子怎么生活？"但是，哼妈丝毫没有这种担忧，因为我用了多年的时间来告诉她："我不能没有你。"

你看，爱一个人真的是一个需要不断学习的过程。我在刚刚结婚的时候还比较自我，可以为了自己的梦想、使命而离开妻子，完全没有进入丈夫的角色。幸好哼妈让我学会了及时反省：一个人如果连身边的人都不会爱，还怎么去爱其他人呢？当一个人只考虑自己的时候，其实他是站在了爱的对立面，因为爱就是一种舍己——学会舍掉自己，多考虑对方的感受。

大多数男人喜欢把眼光放在外面，热衷于发现和分析社会的需求和痛点，却常常忽视了自己妻子的需求，这是我们男人需要改进的地方。

这就是我在婚姻中学到的一课——婚姻，是一条从自己通往对方的路。幸福婚姻的秘密，就是让"我"成为"我们"。

安全感与钱财有几毛钱关系

◆ 哼妈

政治经济学上说,经济基础决定上层建筑。所以,有人便往婚姻里套:经济收入决定家庭地位。

在我们婚姻的前几年,我和哈爸在经济上一直是男弱女强的,直到我离开职场。我们曾供职于同一家杂志社,我的年收入是哈爸的3倍。在公司里,我是他的领导,回到家里,他便成为家里的"头儿"。我的问题并不在于如何切换角色,这一点也不难,唯一的难处在于,在我的收入较高时,我需要更加小心地维护他作为男人的自尊——在这点上,即使无所谓如哈爸,也会敏感。

我们的家风是:静以修身,俭以养德——哈爸喜欢安静,爱看书;我惯于节俭,耐清贫。

如今,虽然哈爸的大V店做得还不错,坊间也有人猜测哈爸身价几何,但我们家依然没有任何余额。一些新认识的朋友问:

"你们在北京居然没房子？怎么租住在这么老旧的小区？"我们说："对，我们可能这辈子在北京也买不起房子。"

哈爸天天穿着西服、骑着二手自行车上下班。我们没有请过保姆，我就是家里的保姆。我们也很少出去吃饭，除非需要宴请朋友，因为我嫌贵。小哈小时候穿的大都是别人给的旧衣服，他说"上面有别的哥哥的爱"。小哈有很多玩具，除去朋友们送的，大多是从慈善商店买的二手玩具——别人用过的玩具无偿捐给慈善商店，售出后所得用于慈善事业。

我们不是钱财的主人，而只是管家——这就是我们的生活。

看我每天带着小哈玩耍，常会有妈妈说，真羡慕你有个会赚钱的老公。哈爸努力养家，我很感恩，但是，我们得享安泰的日子，与钱财其实并没那么大的关系。

哈爸爱我，是因为他是我的丈夫，绝不是因为当初我挣了多少钱；我尊重哈爸，是因为我是他的妻子，绝不是因为他现在挣了多少钱，仅此而已。

如果经济收入可以决定你的家庭格局和话语权，而不是你在婚姻里的身份本身，那么很多东西都可以决定丈夫或妻子在婚姻中的地位，如原生家庭的殷实程度，如谁做了更多家务，如结婚时谁家出的钱多，如买房子时谁出手更大方……

婚姻里最大的错误，就是决定彼此位置的，不是我们作为"丈夫"或"妻子"的身份，而是其他。

长久的好婚姻，
就是一次又一次爱上对方

◆ 哈爸

» 永不说"离婚"

在我和哼妈决定结婚时，我们就为我们的婚姻立了一条规则：无论何时，都不可以说"离婚"，这样的字眼连提都不可以提。这种承诺，为我们的内心带来了安全感。

语言是有能量的，它可以塑造一段关系，也可以摧毁一段关系。如果婚姻在我们的口舌上是可以被随意对待的，那么谁能保证这段婚姻不会"说着说着就真的散了"。

所以，从结婚到现在，不管我们在烦琐的生活中怎么生气或发怒，我们从来没有跟对方说过"分开"和"离婚"。

» 爱是一个决定，是一种意志

然而，在这个离婚司空见惯的时代，许多婚姻的尽头往往会出现这样一种声音："我对你已经没有感觉了，我们分手／离婚吧！"说这种话的人，一定对"爱"有着极大的误会。

在我看来，感觉就像流水，即使再美好，也不可能始终静止不动。一个人本来就不可能对另一个人长期存有那种浪漫的感觉。感觉只是一种生理反应，一种激情，激情不是爱，浪漫也不是爱。你以为你对她有感觉的时候，你就是在爱她——你只是拥有被她吸引的感觉。所以，不是你还爱不爱我，而是你还愿不愿意继续爱我；不是我对你还有没有爱的感觉，而是我还愿不愿意继续爱你——爱是一个决定，是一种意志。

例如，我工作了一天回到家，身体非常疲惫，但我看到辛苦一天的哼妈此刻还在家里忙来忙去，我怎么爱她呢？如果仅凭自己的感觉，我会选择在沙发上来个"葛优瘫"，但通过自己的意志，我做出了这样一个爱的决定——帮她分担一点家务，或者照顾一下孩子。此刻，她便会感受到我的爱。

当一个人不再愿意继续爱另一个人时，这其实只是他停止爱的一个决定——在爱与不爱之间，他选择了后者，所以便"没有感觉"了。

当然，恋爱中的两个人会更多地依靠感觉来维系关系。但是，当两个人进入了婚姻，彼此缔结了"爱的盟约"后，无论健康疾病，无论贫穷富裕，也无论有无"感觉"，都要爱他/她。因为这一刻，我们做的是一个爱的决定。

» 爱她，直至终老

如今，很多男人会婚内出轨，很多妻子因此而焦虑。我也常常看到一些文章，呼吁女性为了保住婚姻，不断地提升自己。

我们要知道，人都有喜新厌旧的趋向，尤其是男人。我们以为在新欢处找到了"爱的感觉"，然而真相很可能是，我们只是没能抵制住诱惑的感觉而已。

长久的好婚姻，就是让自己一次又一次爱上对方。所以，在一次又一次的诱惑面前，在一次又一次的乏味面前，请坚定自己当初的决定：爱她，再一次，直至终老。

没有共同语言，是个啥玩意儿

◆ 哼妈

仔细想想，也许我和哈爸算是很"没有共同语言"的吧！

例如，我们看同一篇文章——
我说："行文优美，可读性强，应该受市场欢迎。"
他说："言之无物，虚有其表，对读者没有价值。"
我关注形式，习于感性，喜水分；他注重内核，惯于理性，偏干货。

又如，我们不赞同别人的意见——
我说："我们再碰撞下，或许有更好的方案。"
他说："这个不好。"
我婉约逶迤，他直接实诚。

再如，闲暇聊天——

他乐于谈论价值、意义、使命。

我喜于聊及家长里短、七姑八婆、油盐酱醋。

家中来客，笑问："当初，你们是被对方的哪些方面吸引的？"

他挠头半天，憋出一句："她跟我不一样的地方。"

我夸张地说："他举世罕见的实诚，以及我无以比肩的思考力。"

突然，我发现了一件有意思的事情：我们当初被彼此深深吸引的原因，竟是如今横亘在多少夫妻之间的巨大鸿沟——没有共同语言！

我们都是那缺失了一角的"圆"。我们走向彼此，是因我们如此不同；而我们要离开彼此，也因我们如此不同。

看来，再有人说"没有共同语言"，我们可以提醒：正因为如此，你们才需要在一起。

显然，没有共同语言，从来都不是嘴巴的问题。

不愿接纳对方的不完满，就是不愿承认自己的不完满；不愿理解对方的缺乏，就是不愿承担自己当尽的本分。

其实，婚姻就是一个不断走向对方的过程。

我们的婚姻走到今天，我越来越发现，我们一直在相互影响，在很多方面，我已经慢慢变成了另一个哈爸。我的很多行为方式，已经变成了他的行为方式；我的很多思维方式，也已经变成了他的思维方式……以前，我根本无法想象自己可以变成这样一个人。

当有一天，我和丈夫老去，我们再同看一篇文章，一起评价，我们也许会说："嗯，文字不错，但思想不够。"我们一起反对别人的意见："不是很好，我们可以再碰碰。"闲暇聊天，我们谈生命，也谈生活。我们执手相看，一切了然。如此，也便合一了。

没有共同语言，不是我们可以离开彼此的理由，而恰恰是我们更需要对方的原因——婚姻里常常就是这样的，表象与真相只有一步之遥。

最好的爱，就是舍己

◆ 哈爸

罗伯森·麦肯金（Robertson McQuilkin）的《守住一生的承诺》一书，让我看到了一位"委身"婚姻的真正典范。

麦肯金担任美国哥伦比亚大学校长22年，同时也是一位很有名望的牧师，有接不完的演讲邀请。然而，他却在众人诧异的眼光中，做出了一个惊人的决定。

他告诉董事会，请他们开始寻找能够接替他职位的人选，因为他的妻子茉莉（Muriel）罹患阿尔茨海默病（俗称"老年性痴呆"）。当年，他才56岁，学校希望他能继续任职，一直到65岁退休。很多朋友也鼓励他把妻子送进养老院，但他并没有这么做，而是坚决地宣布辞职，全身心陪伴自己的妻子。

他说："来到哥伦比亚大学是我一生中所做的最困

难的决定；然而，22年后的现在，决定离开虽然很痛苦，却是最容易下的一个决定，就好像是神设计了这样的环境，我没有别的选择。"

曾经有朋友劝他说："请人看护照顾茉莉不行吗？为什么非得让一个可以帮助无数人的牧师放下一切工作，为的只是照顾一个花钱就可以有人帮忙照顾的生病的妻子？"

麦肯金坚定地回答说："因为我曾经在上帝面前承诺——不论富裕或贫穷、健康或疾病、顺境或逆境，我都要爱她、照顾她、呵护她，直到永远！你们可以有别的牧师来牧养，但我的妻子，她只有我这个丈夫可以陪她走人生最后一段路。"他还说，"能照顾这样一位美好的人，是我的荣幸。"

在提出辞职前的12年里，麦肯金其实是这样度过的：

在茉莉患病的初期，麦肯金外出时会把妻子一个人留在家里，而这造成了她的恐慌，她甚至会一个人满怀信心地出去找麦肯金，结果却找不到回家的路。

后来，麦肯金决定带着妻子一起出门，可这并不是一件容易的事。每当茉莉在飞机上或候机大厅里上厕所时，麦肯金都会跟着，以免她发生意外。麦肯金的这种举动，往往引起他人的戒心和不解。

有一次，他们的航班延误了，他们必须在亚特兰大的机场等候几个小时。这时挑战又来了,妻子在候机大厅迈着匆忙的脚步找来找去,不知道在找什么,而麦肯金只得一路小跑跟着她。麦肯金记得当时有一位看起来像高级主管的女士就坐在他们对面,看到茉莉的举动后,这位女士自言自语地说了一句什么。麦肯金以为自己打扰了这位女士,赶紧过去说:"对不起,您说什么?"那位女士说:"哦,我只是在问自己,有没有可能找到一位像您这样的人来爱我?"

在麦肯金的婚姻里,我看到了——最好的爱,就是舍己。他在爱里舍去了自己的时间、自己的舒适,以及一个男人的成就。

这个时代,很多人愿意选择舍去钱财购买昂贵的礼物送给妻子,却很难舍掉应酬来陪妻子一起聊天、散步、话家常。我们如此疲惫,如此理直气壮,宁愿歪在沙发上看手机,也不愿意舍掉自己的舒适在家务上向妻子搭一把手。

我常常用麦肯金的故事来勉励自己。现在,大V店已经慢慢走向正轨,我会花更多的时间和精力在家里。每天吃完晚饭,我都会抽出一两个小时陪小哈玩。我希望这一两个小时能让哼妈在一天的劳作后稍微放松一下。

哼妈是全职妈妈,一个人带孩子非常辛苦。小时候的小哈,晚上总是睡不好,尤其喜欢蹬被子,哼妈经常需要半夜爬起来给他盖被子。到了早上,小哈习惯了6点就起床,要有人陪他玩,我知道夜晚没有睡好的哼妈需要补充睡眠，所以常会挣扎着起床陪小哈玩，让哼妈可以多睡一会儿。哼妈知道，其实我也很累，尤其是创业刚开始的时候。所以当她看到我愿意放弃自己的舒适来体恤她的时候，她便非常感恩，也格外感受到我对她的爱。

如果你能够体恤妻子，妻子也会强烈地感受到你的爱，以及这种因爱而生的安全感和幸福感。我想，这才是真正去爱一个人的意义吧！

读懂妻子,从听懂她的抱怨开始

◆ 哼妈

第二锅饺子正在锅里翻滚,我说:"我很难过,包好的饺子破了——里面的汁水把饺子皮都浸透了。"

哈爸与小哈善良地一边卖力吃一边说:"味道不错啊!"于是,我不再难过了。

这时,接到了Q的语音留言,他的妻子最近在职场中遇到了一些问题,他很想帮忙,却无从下手。

锅上热气升腾,我一边听着,一边透过缭绕的热气,看着6年前的自己。

那时的我,在职场中左奔右突、全力以赴,然而,无数无法界定职责范围的事务,就像大海里的泡沫一样,不断地向我涌过来。这件干完了,又会有下一件,甚至更多件源源不断地涌过来。我没有拒绝的技巧和勇气,也没有甩手不干的任性和决心,于是就在这样的两相夹击中，把自己压成了"夹心饼干"。

于是我向哈爸发牢骚，抱怨没有边界的"分内之事"，抱怨干不好"分内之事"的同事，抱怨诸多纠葛的鸡零狗碎……

哈爸努力帮我想办法，试图帮我排除心理障碍，学会跟别人勇敢地说"不"；试图帮我就事论事，找到解决方案。可是，他的做法不但于事无补，甚至让我更郁闷、更拥堵。

后来，哈爸也开始变得焦躁，我的状态似乎在否定他帮助妻子的能力，他穷途末路般地对我说："既然这份工作让你这么痛苦，那就不要再干了！"

不，这不是我想要从他那里得到的！我要放弃再向这个男人求助，他根本就不懂我！

我们就这么无数次地被推到墙角，无路可走。终于有一天，当哈爸在听我痛苦抱怨后，再次罗列出各种解决方案时，我却突然说："你好好听着就行了！"

哈爸怔住了，继而他明白了一件非常重要的事情。从此，他再也不试图给我列什么问题解决清单了，他就那么好好地听我讲，并在过程中及时给我回应——"嗯，这样确实太让人难受了""如果是我，早就撑不住了"……如果实在不知该怎么回应，他就会默默地给我一个拥抱。

我们终于找到了一条路，通了！

盛完破碎的饺子，我按下了语音键，给Q留言：

女人其实天生具备处理周身事务的能力，你要相信她其实是明白解决问题的方法的——明白却没有做，说明她有着某种无法付诸行动的困境。你再把这些方法条分缕析地陈列出来，无异于将陷入痛苦泥淖的女人，再往痛苦里按了一把。或许她现在所需要的，只是你对她感同身受的接纳和理解……

据说，那天晚上，Q陪着妻子在路上走了走，听她讲了许多，"她说好多了"。

请注意，**当妻子向你发牢骚抱怨时，她可能并不是在向你求助，而更可能是在向你发出邀请，邀请你到她的泥淖里体会她的感受**。当你和她在一起时，她便能释然了——清清静静站在岸边无法帮助泥淖中的她，只有舍己涉泥而行，才能真正来到她旁边，带领她重回干地。

我想，这便是男人与女人真正的奥秘——创始之初，男女便被这样美好设定：信仰之中，我们也是如此被救赎的。

爱她，就要体恤她的情绪

◆ 哈爸

很多年前的一天，我在街上偶遇几位老朋友，一时兴起，便邀请他们到家里来坐会儿。没想到的是，在门打开的那一刹那，哼妈看到这群人，整个人都愣住了。朋友走后，她很认真地跟我说："你以后如果决定请客人来家里，最好提前给我打个电话，否则我太手忙脚乱了。"

我觉得很奇怪："不就多了三四个人吗？只是来坐坐，你该做什么继续做就好了，有什么关系呢？哪里就至于手忙脚乱了？"

于是，哼妈开始很认真地跟我解释这件事给她带来的感受：她虽然表面上很镇定，其实内心一片慌乱——家里什么都没有收拾，客厅有点乱，水果没买，米已经下锅，菜也不够……她需要超速在脑子里整理出一整套解决方案。

我惊呆了：原来开门的那一刻，她经历了这么多！我终于理解了，哼妈是一个计划性很强的人，遇到任何事情，她都需要先在脑子里排好步骤，环环相扣、条理清楚。

虽然哼妈在这件事情上并没有任何抱怨，但我却意识到，我的随性与跳跃是可能会给她带来麻烦和冲击的。后来，我就特别注意在这方面多体恤她。

∽ ∽ ∽

有一次，有一家媒体临时起意，希望采访哼妈，我知道她此刻的预设里没有这个环节，她需要在现有的安排里解开一个"环扣"，进行新的事项排列，所以就赶紧给她打电话。但是那天很不巧，我一路拨了七八个电话都没人接。最后我们都快到家了，哼妈终于接了电话。虽然离见面只剩下短短几分钟的时间，但是直到她接完电话，我的心里才踏实。不过，哼妈现在已经没有那么排斥这种跳跃性的突发事件了。

∽ ∽ ∽

有一年过年回老家，我跟亲朋好友打了几天牌，反应慢的我终于发现哼妈好像连续几天都没有跟我说过几句话了。那天晚上，她终于说："哈爸，我不喜欢你打牌。"

她虽然没有抱怨，但我感觉到她不高兴了。让老婆不高兴，这件事情本身就很严重。于是，我当时就做了个决定——以后再也不打牌了。其实，我也知道天天打牌这件事是不对的，但是玩着玩着脑子就不清楚了。她这么一提醒，就给了我更大的动力去停止做这件事。因为我爱她，所以让她不高兴的事情，我就不愿意去做。

我们爱自己的妻子，真的需要细心了解和收集她的喜好，对她的情绪反应保持敏感。妻子的不开心肯定是有原因的。男人大多大大咧咧，很少去顾及一个女人的小心思、小心情，但你要时刻记得，她可不是某个随意的女人，而是你深爱的并要与之相伴一生的妻子。而且你会发现，你也会收获相应的体恤和理解——你们彼此的爱，就会在这琐碎细微里慢慢升华。

我的辛苦，他看得到

◆ 哼妈

几个家庭聚在一起聊天，聊着聊着就聊到了全职妈妈的话题。妻子们感慨全职带娃的诸多忙碌和劳累，几位丈夫不能理解："不就是陪孩子玩吗？能有多累？"一旁的哈爸突然冒出来一句："那你自己试试！"他很严肃地告诉这几位丈夫："即使是一手抱着哭闹的婴儿一手冲奶粉这样司空见惯的事，技术难度也不低于你们编写一条新的代码。"

哈爸始终不能接受这个无法肯定全职妈妈价值的社会。几年前，他甚至用发文的方式，建议政府给全职妈妈发补贴。

他深深地知道，孩子不是理所当然的健康活泼，饭菜不是理所当然的热气腾腾，马桶不是理所当然的洁白如新，衣服也不是理所当然的干净整齐。所以，每天一回家，他便会主动和孩子嬉闹，然后给孩子洗澡穿睡衣。在我哄孩子睡觉的时候，他便用孩子澡盆里的水拖地——他用这样的方式，来努力减少我的操劳。

早上我来不及准备早点，他就"没事"般地出门上班；我没能熨烫好衬衣西裤，他也从未曾"提醒"过；家里像是被轰炸过，他不会责备，即使他有点"洁癖"……他始终相信，我已经尽力了，付出了足够的辛苦。

每次面对我做的"大菜"，他都会边吃边说："怎么这么好吃？"每次我做大扫除，他一定会说："哇，好干净！"每次为他收拾出差的行李，他总会说："谢谢，辛苦了。"

…………

小哈从幼儿园回来，发现很多同学的妈妈都在上班，而他的妈妈却天天在家，于是对我说："妈妈，你也去上班吧，这样就能挣钱给我买很多玩具了。"哈爸听了，很认真地与小哈单独谈了一次，我不知道他们父子俩具体谈了什么，但从此小哈不再认为自己的妈妈"没有上班"了。

而且，小哈知道在自己的行为规范中有一条很重要，那就是"不可以不尊重妈妈"，否则会被爸爸管教。因为即使是儿子，也不可以冒犯"爸爸的老婆"，不可以无视这位女士的付出。

夜已深了，我在卧室写下这些文字时，哈爸正在厨房洗着碗。我知道，他一定会将碗放错地方，明天，我还是会悄悄地把碗放进碗橱，就像过去一样。但这并不重要，重要的是，他用这样的方式体贴着我的辛苦。

其实，哈爸回家即使什么也不做，只要他看到了我的辛苦，我便已经心满意足。我曾经对他说过这样一句话："我不需要你家财万贯，但我需要你努力的姿态。"

我的辛苦，他看得到。

有时候，看到也是一种体贴。若是每个做丈夫的都能看到妻子的辛苦，那就已经让妻子看到了丈夫努力的姿态。

男人的寻找，女人的支持

◆ 哈爸

前面谈到很多关于我的各种"折腾"的故事，如刚刚结婚却跑去求学，又如不好好工作总频繁跳槽……

也许大家会好奇，我为什么要这样不断地"折腾"呢？

因为，我在寻找。走在人生这条路上，我们需要靠着不断的寻找和探索来解答"我想做什么""我能做什么""我的价值在哪里"等诸多疑问。

其实，大多数男人一生都走在这条寻找的路上。然而，一个现实问题是，当我们试图去寻找时，妻子们往往不理解，也不配合。她们可能认为，我们应当踏踏实实地做到精英白领，做到管理层，这才是最好的一条路！

可是，妻子们大概无法想象，让一个男人停止寻找，形同让一个男人停止活着。

当年，在索伦·克尔凯郭尔的日记中，我看到这样一句话：

"我真正缺少的，是清楚地意识到自己在做些什么，而不是自己知道些什么……我应该做的，是找到一种对我而言为真的真理，找到我可以为之生、为之死的理念。"于是，我在刚结婚的时候就选择了离开妻子去读书深造，当时我执着地认为：这就是我的理想，我未来事业的呼唤。

后来，我又辛苦地尝试了各种寻找。寻找路上的我怎么也不会想到，有一天我会创办大V店，为一群妈妈服务。即使是现在，我的寻找也从未停止，只是如今我探求的是怎样才能做得更好。

今天，当我的寻找不再那么茫然，当我找到我将着力的事业，我也绝不认为，我之前所有看似无关的寻找是毫无意义的——以前的各种折腾和寻找，至少让我知道了那些通道无法使我到达目的地，我只是在用"排除法"来为自己确定方向。

我清楚地知道，寻找对男人如此重要，这是他们认识并建立自己的过程；我也清楚地知道，在丈夫茫然而莽撞的寻找路上，妻子的支持与陪伴有多么重要。所以，我呼唤妻子们——**即使这段路在你们看来毫无意义，也请与丈夫两手相握。这一路哪怕会颠簸坎坷，哪怕会无功而返，但不出发，他就永远无法到达。**

改变有多难，接纳就有多珍贵

◆ 哼妈

一天深夜，一位朋友将丈夫抽烟的困扰"抛"到了我的面前，这真是一个直击我软肋的问题啊！于是，我只好坦白地将自己那段失败的经历和感受写给她。如今，哈爸虽然已经戒烟大半年了，但我深知：在帮助丈夫戒烟这件事上，我没有分毫功劳。

在我和哈爸婚后相当长的一段时间里，唯一能让我们发生矛盾的就是烟。奇怪的是，婚前就已经知道哈爸抽烟的我，当时似乎完全没有在意。但不知从什么时候起，我日渐无法接受他抽烟这件事。那支烟就那么横在我们中间，一路上不停地闪着红灯。

我开始为抽烟这件事生气。每当我因此而责备哈爸时，他就一声不吭，而我则理所当然地站在"高地"上，并摆出一副"恨铁不成钢"的姿态：烟有什么好的呢？吸烟有害健康，烟盒上都印着呢！你为什么就是戒不了呢？

最初，我闻到烟味儿烦，后来发展到看见他掏钱买烟这个动作也烦,看到他身上有烟盒也烦——我已经不是在跟烟较劲了,而是将他能否戒烟作为他能否为妻子、为家庭舍己的考题,也将之作为一个男人是否具备某种能力的佐证——"连一支香烟都戒不了的男人,到底还能战胜什么?前途何在?"。

他很努力,但更无助。于是,因为一支烟,这个磊落的男人常常在面对我时躲闪理亏。这支烟已经变成了一个雷区,不知什么时候就会把我点燃。

哈爸只好偷偷摸摸地抽,如跟同事在一起的时候抽;或者躲在家里的卫生间抽,抽完之后,再用排风扇把烟味赶紧去掉;每次跟我亲近之前,他都会先刷牙,或者使劲嚼口香糖……总之,他不想因为这支烟而招惹到我。

矛盾的缓和,是因为他去了一个无人抽烟的公司,再也没有人邀请他一起去楼道抽烟了,再也没有人和他一起分享烟了,他就这么把烟戒掉了。

之后的这段时间,我们有了孩子。我以为,这次戒烟会是一辈子的事。

显然不是。这一次戒烟,我和他都没有真正胜利。所以,得重新来过。

后来,他身边又开始有了吸烟的环境和朋友。吸烟对于他,还带着某种解压的意味。当时的我,既不支持,也没有激烈反对。一方面,我的注意力大多放在了孩子身上;另一方面,我觉得他创业不易,如果抽烟能够帮他分担一点点压力,那我就忍耐吧。他知道我的态度，从来不在家里和我们母子面前抽。

直到2016年，我们准备要第二个宝宝，再次将备孕提上日程。我开始增加了劝他戒烟的频率，每次交流后，他都非常认同，可到第二天却又抽上了，如此循环反复。

后来，我和他有了一次深谈。

我说："我们成为一个新的孩子的父母，不是在他胚胎形成的那一刻，而是在我们预备要他的那一刻，我们就已经成为父母了。我们不是在自己的黄金年龄孕育二胎，各项身体机能都不如当初要第一胎的时候了。在这种已然弱势的情况下，我们只能竭尽所能给孩子我们能给的，这是为人父母的责任。所以，为孩子预备一个更好的身体，是目前想成为更好的父母的我们应当做的。"

哈爸同意了，于是我们俩定了个日子，如果准备9月怀孕，那至少也要戒烟3个月，我们把6月1日作为最后的戒烟日。

于是，我开始很安定地等待，内心甚至有一点小激动，仿佛我们要一起做一件大事情。然而，当那一天到来的时候，我却被重重地打脸了——他完全没戒。

这时，我开始在心里煮一锅粥，里面翻腾着很多内容——

"他根本就不想再要一个孩子，或者，他根本就不重视这个将要来的孩子。为了他的事业，我愿意全力以赴地配合，可是，他明明知道我将养育子女作为自己毕生的事业，却如此轻待。他不仅是在忽视我的事业，其实也是在忽视我。他惦记自己职场的点滴，却轻视我的需要——在他心里，只有他的需要才重要，我的需要根本就不重要……"

我陷入了这样一种晦暗的情绪当中，开始不跟他说话，而是暗自赌气："好吧，我们就从此彼此轻视吧，在我这里，你也不再重要了。我们不过是各取所需罢了——你出钱养家，我出力带娃，仅此而已，多的没有！"

很快，他发现了我的不对劲，并邀请我说出来。我说出来了，他沉默了一会，然后道歉。然而在我看来，那一两句简单的道歉，何其单薄无力？更何况，他根本就没有戒烟。

我心想：好吧，如果第二胎有什么弱处，到时是需要你来承担的；如果我的伤痕继续撕裂，那也是需要你来承担的。

所以，这件事情其实根本没有解决，我也做不到真的站到他那一边，去感受一下他在一支香烟上的挫败感、被捆绑感和无助感。

香烟很短，但我的路却很长。坦白地说，我已经不是不接受这支烟了——这支烟叼在别人的嘴里一点事都没有，为什么叼在哈爸的嘴里，我就会起这么大的波澜呢？

我开始思索，这支烟可能是我的一个功课，而不是哈爸的。我以为可以凭自己的力量改变哈爸，但连帮他拿掉嘴边的那支烟都做不到!

为妻8年,我已经凭着"帮助者"的身份,获得了包括哈爸在内的许多人的赞誉。然而直到此时,我才窥见自己虚荣的内核——我并没有自己以为的那样对丈夫全然接纳,也并没有如我所展示的那般智慧隐忍!

我决定好好整理自己,并试图有一番"新的作为"。

然而,2016年9月10日,借由朋友赠阅的《这书能让你戒烟》一书,哈爸真的把烟戒掉了,直到今天。而我,什么也没有做。

所以,这件事自始至终我都没有什么好自夸的——如果这支烟是我帮哈爸戒掉的,我可以夸耀说,作为一个"帮助者",我成功地帮哈爸把烟戒了。我想,我骄傲的本性会是如此。

现在看来,这支烟更像是被上天抹去了,只为了让我明白——**改变有多难,接纳就有多珍贵。**

所有的不接纳，都暗含祝福

哈爸

» 接纳对方，也接纳自己

戒烟这件事让我和哼妈都上了非常宝贵的一课。其实，关于这件事，我也有话想说。好在终于戒了，我可以挺直腰杆来说一说了。

其实，在被哼妈催逼戒烟的那几年，我也有很多内心的台词（只是没敢说）：

第一，你怎么连这点自由都不给我？
第二，你为什么就不能跟我感同身受，体会一下我的难处呢？不是我不想戒，而是我做不到啊！

可是，哼妈却没有办法跟我感同身受，她甚至认为我在找借口推脱，这让我一度非常伤心。

我曾经尝试过各种戒烟的方法，例如，使用好几百元钱的电子烟斗；刷牙，我把牙刷带到了办公室，想抽的时候就去刷牙；嚼口香糖，一直嚼到想吐……在努力戒烟的过程中，我有时候半夜突然特别想抽烟，没有烟就到处找烟，真是非常惨，各种难过。

后来，我好好思考过这个问题——为什么当时用了这么多方法，却依然没能成功戒烟？

我当然知道抽烟对身体有害，但在内心深处，我其实相信抽烟也有一些好处，例如，抽烟可以缓解压力（让我镇静下来），可以集中注意力（让我很专注），可以激发灵感（对写作有帮助），可以让我享受片刻安宁（"饭后一支烟，赛过活神仙"），可以让我显得很酷（让我显得很男人），可以让我结交朋友（是一种社交手段，一种跟别人建立关系的工具）……

这些信念是从哪儿来的？当然是从我们的社会文化里。电视、电影、文学作品里的描写在给我们洗脑，向我们传递种种谎言。

那么，后来我为什么又成功戒掉了呢？因为通过《这书能让你戒烟》这本书，我发觉了自己之前对于抽烟的种种错误认识。我开始相信，抽烟不能解压，不能结交朋友，不能让我更好地写作……那我为什么还要抽烟？我对烟其实并没有那么大的依赖！所以一旦心里想通了，这件事就成了。

一支烟，让我和哼妈都看到了自己的无能为力。

婚姻中常常会有很多让彼此不容易接纳的事情。我听说过离婚的各种理由——有因为丈夫不吃麻辣烫而离婚的，有因为妻子养宠物而离婚的，有因为对方有洁癖而离婚的……

举个例子，很多妻子无法接受丈夫沉溺于打游戏，她们认为别的男人都在拼命赚钱，而自己的丈夫却成天不务正业，不求上进。最后，她们甚至都不清楚自己到底是在跟游戏较劲，还是在跟丈夫较劲，或者只是在跟自己较劲。这种逻辑常常在不知不觉中变成"你必须满足我，如果你不满足我，就说明你不爱我，那我们就离婚"。

当我们因为无法接纳对方的某种行为而一意孤行时，最后很可能变成既无法接纳对方，也无法接纳自己。

» 所有的不接纳，都暗含祝福

我和哼妈刚认识的时候，电视剧《士兵突击》正在热播。哼妈在我面前眉飞色舞，描述那个叫史今的班长有多帅！

一次、两次，到第三次的时候，我终于炸了："你到底想怎样？"哼妈吓了一跳，一脸茫然加恐慌："你怎么啦？"

这让我第一次发现"男女有别"这个事实：男人都是视觉动物，对异性的欣赏与喜爱，是与生理反应直接相关的。我以为女人也一样。而哼妈欣赏那个叫史今的家伙，真的只是欣赏而已！而且只是停留在对这个虚构角色的欣赏上，与扮演的男演员没有关系！

以己度人，我尴尬了，也受教了。我开始发现，原来男人和女人的内在差异，是如此之大！

例如，同一句"我没什么可穿的了"，女人的意思是"我需要买衣服了"，而男人的意思却是"我没有干净的衣服穿了"。

又如，妻子指责丈夫是出于爱，而丈夫听到的却是不尊重；丈夫远离冲突现场，是为了防止矛盾进一步恶化，而妻子看到的却是丈夫在逃避问题。

再如，当妻子抱怨丈夫不理家事时，她其实是在向丈夫发送编码——"我想要你的参与和爱！"而当丈夫言语粗暴或者根本不说话时，他其实是在向妻子发送编码——"我想要你的尊重！"

…………

夫妻之间所有的不接纳，很可能是化了妆的祝福，里面包含了我们需要学习的功课。如果你真的看懂并学会这门功课，你便可以从中吸收营养，以此来滋养彼此的关系。

"不可理喻"的另一半

◆ 哼妈

记得我还未过门那会儿,婆婆就语重心长地对我进行"婚前辅导"。她说:"我这个儿子,就是眼睛看不见事儿——事情摆在眼前他都看不见,所以你要多提醒他。"

我不能理解——多奇怪啊!他这么大双眼睛,怎么会看不见事儿呢?

结婚没到两个月,我就深刻而透彻地理解了婆婆的话——哈爸的眼睛,真的看不见事儿!

周末,我拖抹扫擦、铺叠洗换,放一盆已经甩干的衣服在他面前,不用脑子想也知道是"你帮忙晾晒一下"——结果,他换了两本书,走过去,再走回来,居然继续看书!

我的手不停地忙碌,内心的气球也在不断撑大:我这么忙,你闲成这样,都不肯帮我一把,这个家是我一个人的吗?!

最后,我气鼓鼓地自己去晾晒衣服,动作大到足以引起他的注意。

他终于抬起眼睛:"你在不高兴吗?"

拜托,这是什么问题?!可他的满脸无辜,却实实在在地告诉我,他根本就不知道我为什么生气!

如此数次,我终于想起了婆婆的谆谆教诲——原来,他真的是一个"眼睛看不到事儿"的人啊!

不论他有多么不可理喻,我还是很快调整了思路,再也不玩"暗示"游戏了——衣服放他眼前,直接说"去晒下衣服哈",他也就利落地去干了。再后来,我们约定,拖地、晒衣服是他的活儿,每天干完这些,他就可以心安理得、无须愧疚地"看不见事儿"了。

∞ ∞ ∞

好朋友满腹委屈:"我筹划了这么久,就为了给他一个惊喜,可他竟然在揭晓的那一刻说'这对我来说是一个灾难'——他居然说是个'灾难'!"

原来,半个月前,在老家,她和丈夫计划,她先南下去处理一些事务,丈夫带2岁多的儿子北上回家,3天后她再回去。没想到航班临时变动,于是她灵机一动,悄悄将航班改签以和丈夫孩子一同北上。一直到将上飞机的那一刻,丈夫才知道妻子和自己同一航班。

她以为丈夫会喜出望外——能和老婆一起飞回家,而且还不用操心上班时孩子怎么办的问题,这简直就是被馅饼砸中了嘛!

然而,让她意想不到的是,丈夫完全不能接受这一变化,认为形同"灾难"。

对着她的一脸不可思议,我也无动于衷地说:"如果这件事发生在我身上,我也会觉得是灾难!"

她愕然了。

对,有一种人,叫计划型的人,对于这类人来说,任何突然的大变,都形同"灾难"——他需要时间做心理准备,哪怕是短短的5分钟也好。而我,刚好也是这样的人。我便跟她好好讲了讲关于"我们这类人"的事。

不久后她才得知,原来从计划产生的那一刻开始,丈夫就已经在内心预演了自己带孩子的每一天,包括一日三餐,包括怎么在办公室安排孩子的自行玩乐,包括晚上的亲子游戏。然而,在她出现在登机口的那一刻,他内心所有的安排,都因为妻子的一个"惊喜"而全都变乱——如同"灾难"现场。我能理解他在那一瞬间的无措。

此后,这位好友开始养成凡事提前商量的习惯——因为她有一个"不一样"的丈夫。

∞ ∞ ∞

几天前,我看到一个留言,是关于控诉丈夫在创业过程中的种种"罪状"的,我便想起了我的老东家。

他成为我的东家之前，曾创办过一个公司，据说生意还不错。但半年后，他却颓废了——每天把自己关在办公室里打游戏。

后来呢？后来来了单子也不接，公司就生生被他打游戏给打关门了。再后来呢？再后来他起伏数般，绸缪运营，创办了业界首屈一指的刊物，直到今天。

很多年后，他说起自己那段不务正业的经历，才揭晓答案：当时他是因为自己思想上"遇到了瓶颈"才选择去游戏中暂时藏匿的。

我便想到他的妻子，即使不理解一向条分缕析的丈夫为何突然就不理世事、不营生计、不务正业了，但她依然选择温柔以待。我至今都记得她对那段时光的感叹：那可是黄金地段租的办公室，日出斗金啊！可见她的隐忍能力也绝非一般。

∽ ∽ ∽

都说"不幸的家庭各有各的不幸"，幸或不幸，有时只在一念间。当我们面对另一半的种种"不可理喻"时，我们是会无法接受，多番指点扭正，还是会纵有万般不解，我且接纳顺服？相信终有那么一刻，所有的"不可理喻"都被剖开陈白，一切并不会那么"不可理喻"。

有一站路，起点是"我"，目的地是"他"，若未抵达，终有不解。

在亲密关系中，
请相信对方是好人

◆ 哈爸

在亲密关系中，请相信对方是好人。这是显而易见的，无论情侣、夫妻，还是合作伙伴，如果你认为对方是一个恶人，一心想伤害你，那你根本不会和他处于亲密关系之中。

但在现实生活中，这么明显的道理却常常被对方那些不符合我们期待的言行或态度所遮盖，以至于双方的关系越来越恶劣。

有一个妻子把几个月大的孩子放在床上并逗他玩。这时老公走过来，看见孩子没穿纸尿裤，便抱起儿子去厕所把尿。

妻子突然变得非常生气。她对丈夫说："难道小孩子是个物品吗？你都不经过他的同意，就随便把他端过来、端过去。你总是这样，从不顾及别人的感受，从不懂得尊重别人！"

这还没完。虽然丈夫一直不吭声（这在妻子看来也成了他的罪状），战火还是升级了。后来两个人一起吃饭，妻子突然把丈夫的碗筷收走了。丈夫错愕不已，妻子却劈头盖脸地吼道："我就是想让你尝尝不被尊重的滋味！"

当天晚上，这对夫妻就开始为这件事闹离婚。最后，一直沉默的丈夫也愤怒了——

妻子说："我要离婚，不想和你这样不尊重别人的人过一辈子。"

丈夫马上说："离就离，现在就去。"

丈夫抱自己几个月大的孩子去厕所把尿，多么平常的一件事情啊，这个妻子为什么会生气呢？我想大部分人会认为这是一个好爸爸。但在这个妻子看来，自己的丈夫却几乎成了一个十恶不赦的人，要马上报复，并与他决裂。

∽ ∽ ∽

一个女孩给自己的男朋友发微信，一会儿发一条，每发一条心里就多一点闷气："为什么他还不回复？"在连续发了4条之后，她不再发了，好像跟自己杠上了一样，想看看他多久才会回复。

可是，她等了3小时，男朋友还是没有回复她。女孩越来越难过，最后变得非常愤怒。

后来，这个女孩去看了心理咨询师。

咨询师问她："你的男朋友没有回复你，这对你来说意味着什么？"

女孩愣住了。很显然，她从未考虑过这个问题。想了一会儿，她回答："他不关心我，不在乎我。"

咨询师又问："除了不关心、不在乎你，还有没有其他可能？"

女孩说："我没有想过其他可能。"

于是，咨询师开始引导女孩思考其他的可能性。她立马就想到了一种可能性："他可能当时正在忙其他事情，顾不上回复我；也有可能这3小时里他正处于危险中，或者正在为我秘密策划一个盛大的浪漫聚会……"

"如果想到他可能因为有其他事情而没有顾上回复你，你的难过和生气的程度会有什么不同吗？"咨询师问。

"那就好多了！"女孩不好意思地笑了起来。

∞ ∞ ∞

在作家李月亮的作品《最好的关系，是我懂你的不容易》里，我还看过这样一个故事。

她的姐姐、姐夫结婚快20年了，感情很好，极少吵架，是亲戚里的夫妻典范。大家都不知道他们的关系为什么会这么好，"好像不会生气似的"。后来，她在亲眼看见了一件事情后，终于明白了姐姐、姐夫的感情为什么这么好。

有一次，她住在姐姐、姐夫家。姐夫晚上很晚才回来，当时她和姐姐都已经睡了。姐姐一听见开门声，就立刻起床说："你姐夫醉得不轻。"

只见姐夫正扶着卫生间的门狂吐，马桶近在咫尺，他却全吐在了地砖上，溅得到处都是。姐姐轻轻拍着他的背，一直等他吐完了，才接了杯温水让他漱口，还找出睡衣帮他换上，安顿他躺好，然后自己去卫生间打扫，全程没有一丁点儿不高兴。

她说："姐，你的脾气可真好。"

其实，当时她还有后面的话没有说出来——男人在外面喝到半夜才回家，门开得咣咣响，吐得满地都是，换作一般女人，怕是早烦了吧？不骂几句就算好的了，哪里还有心情照顾他？

姐姐也明白她的意思，一边打扫一边说："你姐夫不容易，现在大环境差，生意难做，他也是在苦拼啊！要不谁愿意把自己喝成这样？这是实在忍不了了，才吐在地上的，但凡能忍一下，他也得吐马桶里啊！其实只要理解了，就不会生气了。"

在《男人需要尊重，女人需要爱》这本书里，作者爱默生·艾格里奇博士有这样一个忠告："你们必须将彼此看作善意的人。当夫妻一方或双方将对方看成善意的人时，婚姻就会填满幸福。"

如果不朝向明亮的方向，
婚姻里见到的就只是自己的阴影

◆ 哼妈

秋尽昼短，纤指寒凉。明明才渐入傍晚，却已日没温尽。

电话的那一头，她急切地盼望我能够为她指点江山，巧使妙招，令她的婚姻起死回生。

"很抱歉，我不能给你任何具体的招数，如果有其他人教你具体怎么做，我也建议你一定谨慎。"

我从不支持"收拾行李作势离家出走"，或者"挟孩子以令丈夫"之类具体到举动、辞色的"支招"。如果不能从心底生出新的绿芽，婚姻的肃秋颓势便无可挽回。

我宁愿你重新梳理婚姻之于你的意义——在"满足个人的需要"之上的意义；重新思考你被放在婚姻里是因着怎样的使命——比"满足长辈世俗的期望"更高的使命；重新定义你作为妻子的身份——较"繁衍后代"之前的身份；重新认识丈夫的种

种不足——除了"负了你",是否还有你未尽的本分⋯

我给不了任何人招数,我所能给的,只是诸如此类看待问题的视角。如果不回归内心的省察,任何招数都是枉然;如果不朝向明亮的方向,婚姻里见到的,就只会是我们自己投下的阴影。

∞ ∞ ∞

闲看电视剧《琅琊榜》,为其中一幕动心良久。

费尽周折初露头角的靖王,一意营救赤焰冤案中幸存的一位旧部,其谋士梅长苏向他晓明此举百害而无一利,力劝其不可妄动,却被靖王愤而断铃绝义。无奈之下,梅长苏门廊立雪,明知前路艰险,只因靖王决心已定,他便一诺应承。此后,他全力筹谋,甚好地完结了此事。

我为人妻,不论他日光景如何,也当如此。我愿友人也会被触动:即使他一意孤行,即使他千般错谬,即使他要"断铃绝义",你也不放弃全力筹谋,助他导入正途——只要还在婚姻里,你就当尽你帮助者的本分。

其实,我是想说,**即使你手中已全无"好牌",我依然不愿意你弃局;虽然无人能帮你"和牌",但你还有在这段婚姻里"重新洗牌"的选择。**

只是,这一次,能帮你的,不是我或者别人,而是你自己。

CHAPTER 4

怎样说，对方才会听

----> 在婚姻生活中，两个人难免会遇到冲突。在出现矛盾时，夫妻双方及时沟通，是化解矛盾最有效的办法。因此，学会沟通是夫妻双方的必修课题。

那些"废话"里，藏着幸福

◆ 哈爸

爱，使彼此愿意倾听；两人只有真诚地相爱，才能清晰地听见对方。

» 倾听就是爱

现在很多人的婚姻，是"有口无耳"的婚姻——在很多婚姻里，妻子有讲述的需要，却找不到人倾听。这个人本来应该是她的丈夫，但是丈夫并没有做到，于是憋到一定程度，妻子就通过抱怨的形式发泄出来。

当然，听女人说话，有时候对男人来说确实是一种挑战。因为男人的思维是目标解决型思维，他总是忍不住想解决问题，问题解决了事情就完结了；而女人的思维是心情感应型思维，你只需要好好听，跟我共鸣和感同身受，我就能解决问题了。

女人真是比男人复杂的群体。我亲眼看到哼妈在工作阐述时井井有条、层层递进，可在聊天时，却毫无逻辑线索和条理分类。

例如，我下班回家，跟哼妈一边吃饭一边聊天。哼妈一直说了30多分钟，可是我却没有办法抓住她想表达的中心思想。

哼妈都说了些什么呢？她先说，小区里有几个老奶奶想让她带着她们的孙子玩儿；然后说，小哈跟一个姐姐很要好；接着说，她们在去超市的路上遇到一条大狗，跟她们家以前那条狗很像，然后又冲小哈说了一句："你爸爸说，等你6岁了，就送你一条小狗狗。"这还不算完，她又说超市里有一款洗衣粉，本来售价是20多元钱，她用优惠券加会员卡，最终只花了10元钱就买到了，等等。最后，她又绕回了自己计划怎么带小区里的孩子玩。

这要在以前，我肯定会抓狂崩溃，或者默默走开，或者告诉哼妈，我们聊点有营养、有意义的吧！可是现在，我不会那么做了，我会很认真地倾听，还不时地应和一下。当她讲到老奶奶们想让她带着她们的孙子玩儿时，我就会说："那肯定是因为她们觉得你很会带孩子玩哟！"当她跟小哈说我要送狗给他时，我就会说："嗯，爸爸说到做到，妈妈到时候要提醒爸爸。"当她说到10元钱就买到了一袋洗衣粉时，我就会说："你真是勤俭持家啊！"

大多数男人不太容易接受女人这种天马行空、蜘蛛结网式的聊天方式。因为男人的思维是线性的，聊天的时候，男人需要逻辑和中心思想，一二三四五，第一个讲完了，再进行下一个；而女人的思维是发散的，女人往往是想到哪里讲哪里，这常常会让男人感觉抓不到重点。

但其实也不难，男人只要认真倾听就可以了，如果可以稍微做一点回应，那就更好了。

我一直相信，同年龄段的女人一般比男人更有能力、更聪明、更成熟。女人一般能够驾驭自己手中的事情，她跟你说很多问题，其实并不是为了获得答案，而只是想从你这里寻求接纳和力量，她是来寻求爱的。你如果此刻耐心倾听，她就会感觉自己被听见了，她的"储爱箱"里面就会装满爱，她也就有力量解决那些问题了。可能我们听到的内容很琐碎，没有意义，但对于亲密关系来说，重要的不是内容，而是形式。

那天晚上，我一直听哼妈讲了30多分钟，然后她就兴高采烈、满血复活地去洗碗啦，甚至还哼着小曲。

》陪她说话，也是一种幸福

以前，我并不觉得聊天有多重要，我是一个特别追求意义的人，总觉得与其浪费时间闲聊，不如安安静静看书。

但是后来我发现，女人是需要闲聊的。特别是哼妈回归家庭、成为全职妈妈以后，她通往社会的那扇门关掉了，我就成了她的"门"。所以我会主动跟她聊天，陪她说说话。

我慢慢发现，夫妻之间的这种闲聊其实是很有意义的。因为在聊天的过程中，我们可以了解彼此对一些事情的不同看法及背后的价值观。夫妻之间通过这样的闲聊，慢慢找到彼此的共同语言，同步彼此的价值观以及对世界的看法。

我在陪哼妈聊天的时候，也会发现她平时关注的重点，例如，哼妈说洗衣粉便宜了几元钱，我就能从中看到她的消费观——哼妈是个勤俭节约的人。所以，我们家购置物品，哼妈无论说买什么，我都毫无异议，根本不需要问她花了多少钱。而且，我也会提醒自己跟她一样注意节俭，当我们一起外出时，如果时间不那么赶，我就会和她一起坐地铁。

记得有一位同事，曾跟我说过这样一件事情。他是搞计算机的，平时工作特别忙。他的妻子特别喜欢看电视剧，还经常想拉着他一起看。可他对电视剧毫无兴趣，觉得是在浪费时间，所以他的妻子经常因为这件事而跟他闹别扭。后来，我就建议他换一种思路——记住，你不是在看电视剧，你是在陪伴你所爱的人，这就不是在浪费时间。

同样，我也不是在闲聊，我是在用倾听陪伴自己的爱人。因为有了爱，即使那些我并不是很感兴趣的话题，我也愿意慢慢倾听。我知道，那些"废话"里藏着世间最大的幸福。

给我你的注意力

◆ 哼妈

» 结婚第一年

他捧着一本书在客厅走来走去。

我说:"狗狗最近掉毛严重,不能喂含盐的食物。"

我说:"离公司不远不近,要不我们骑自行车上下班吧,方便又健身。"

我说:"明天是周末,记得给你妈打电话。"

…………

我就这样说了一通,他还在眼前走来走去。

我问:"你听见了吗?"

他猛地放下书,一脸茫然地问:"什么?"

» 结婚第三年

他的眼睛盯着我的脸，一动不动。

我说："新房子过户那天，你记得请假。"他说："嗯。"

我说："过两天去趟表弟家，亲戚不走动就不亲了。"他说："好。"

我说："你存放在扬州的书，还是劳烦人寄过来的好。"他说："行！"

…………

他的眼睛还是一动不动、神游天外，但他已经能够游刃有余地运用我建议的那4句"聊天秘籍"了——嗯、好、行、是吗。

» 结婚第五年

他一边吃饭，一边听我讲："宝宝今天会爬了，超市明天要打折，后天天气要转凉了……"如果遇到我冷不丁"检查"，他还会复述出那些关键词，以力证自己其实在听——"爬了多远？""打折好！"……

NO！我用眼睫毛想都能知道，他的心思，全不在这里。

显而易见，在练习陪妻子聊天这件事上，哈爸走的是一条"打怪升级"的路。

"给我你的注意力！"这是后来我常常提醒他的一句话。我不仅需要你人在、身在，我还需要你的心在。

好吧，我承认我的话题有些发散，而且意义不明显，从《奇葩说》这期的话题，到邻居家刚下的狗崽，不一而足。但是，如果你能在这些琐碎中与我共鸣，我便得以与你共享那种"你懂的"般的乐趣。

我不能想象有一天，当我表情生动地讲述了一件自认为极有意思的事情时，我面前的这位却一脸了无生趣，甚至泼我冷水，那我可能说到一半就再也没有继续说下去的兴趣和勇气了。

也许倾听的内容没有价值，但倾听本身就是价值。因为对女人来说，专注的倾听，就是深情的陪伴。

夫妻之间的沟通智慧

◆ 哈爸

我见过这样一对老夫妻。当时,丈夫在台上演讲得正兴起,妻子看了看时间,估摸丈夫照这种状态发挥下去,很可能导致会议延时,也可能导致他们回程误机。这时,老先生邀请妻子站起来谈谈他们的婚姻,老太太想了想说:"我们的感情,就如同你手腕上的手表,不死不息。"说完,她还向老先生悄悄指了指手腕。

老先生会心地笑了,对听众说:"你们听到了一句最伟大的告白。可是,我还听到了一句暗语——时间差不多了,准备结束发言吧!"

台下掌声雷动。这位妻子,用智慧给了自己的丈夫体面的提醒。

很多人知道,我是一个不会说话的人——口气硬、说话直、脾气臭,很容易伤到人。所以,哼妈常常需要启动她的"宇宙超能力"来帮我斡旋圆场。

记得有一次回老家,叔叔婶婶开车来接我们,路上谈到我们的一个合作遇到的种种问题,我一时烦闷,随口丢了一句:"那就别合作了!"顿时,车内气压跌到零点。哼妈这时笑着说:"一直听你说叔叔婶婶对你好,今天我算是看出来了,真是亲叔婶啊,才会这么宠你这个亲侄子。叔叔婶婶,你们以后可也得宠宠我呀!"于是,我赶紧顺着杆子往下爬了——要是哼妈当时来一句"你怎么能这么跟长辈说话呢",我大概会无地自容吧!

哼妈从不在人前指责或批评我,若我有不妥,她会等到只有我们两个人的时候,再温和地提醒我。

所以,我常常感恩哼妈:她在发现我的某些纰漏时,总是既能维护我的尊严,又能弥补我的不足;她在缓和被我冷掉的场子时,总能以更合宜的方式,既不让对方尴尬,又保全我的面子。

懂得维护丈夫的尊严,是为妻者的智慧。如果妻子们都能注意维护丈夫的尊严,相信丈夫们也会像我一样,对自己的妻子充满感激之情,婚姻也会更加和谐美满。

闭不了的嘴，好不了的婚姻

◆ 哼妈

之前，我跟着哈爸一起出去做10城巡回演讲见面会，就在离开北京的那一天，发生了一件事。

那天，我们订的是下午6点的飞机，哈爸4点左右才从公司回来，然后我们准备一起出发去机场。我提议坐地铁，因为马上就要进入下班高峰期了，而且我和小哈都有些晕车，万一堵车就更难受了，地铁是比较稳妥的选择。但哈爸认为打车更方便，不需要大费周章地换乘。我也就没再说什么。

我们很快就坐上了专车。可是，司机对这一带的道路并不熟悉，在一条本应拐弯的岔道继续直行，结果不小心进入了返回城区的高速。在司机的懊恼声中，我看了下时间，这时距离飞机起飞只剩一个多小时了。

司机在高速路上无法掉头，只能先寻找出口回到城区，再绕回一圈。然而，此时已经进入下班高峰期了，一旦堵车，势必误机。

哈爸一下子就火了:"你怎么能这样,开车连个路线都搞不清楚?!误机了怎么办?"

当时,有几百句话马上就要从我的口中喷薄而出:我都跟你说了这个点儿坐地铁靠谱,你非不听,这下好了,准备误机吧……

好想就这么痛快地数落一顿,但在心里掂量了下,活生生地把话给咽了回去——此刻,怎样做才是正确的?

车厢内气压在快速上升,哈爸急了,司机也急了,两人的声音在不断提高,车速也在不断加快,我深吸了一口气,开始跟小哈说话:"小哈,我们不着急哈,没关系,我们只需要从出口转出去再拐弯回来,就又可以去机场了。爸爸不着急,叔叔也不着急,我们安全第一。妈妈抱着你,我们一起安静一下。"当时除了借小哈说事,我别无选择,劝他们俩中的任何一个,都是在火上浇油。

顿时,两个人都不说话了,火气也慢慢消了下去。就这样,那天我们顺利登机。

我很庆幸,在这样的时刻,我没有图一时口舌之快。

2017年,在《好婚姻,就是一次又一次爱上对方》第一版出版之际,我们在婚姻里已走过8年。8年,是一个有意义的时段。

当时,如果有人问:"这8年里,最大的挑战是什么?"我会说:"不能随心所欲、想说就说。"

如果有人问："这8年里，最大的收获是什么？"我会说："不会随心所欲、想说就说。"

我花了8年时间，来操练"闭嘴"这件事。

每天，随着门铃声，我打开家门，先看看他的神情。如果他心情不佳，我知道，我需要管住这张随时要冲出"十万个为什么"的嘴——因为男人烦心的时候，最需要安静。

每当他决策犹疑，或者决策将滑向不那么正确的方向时，我就需要管住这张焦躁急切的嘴——因为"虽然舌头在身体里是最小的……但最小的火能点着最大的森林"。所以，当他面对又一次的错误时，我需要选择的，不是黑脸不饶人，而是体贴他内心的尴尬和愧疚，好好安慰他。

每当他把一件明明可以办好的事情办砸或办得不那么好的时候，我就需要管住这张会质问、抱怨甚至发怒的嘴——因为"须禁止舌头出恶言"。所以，当他承担错误决策的后果时，我需要选择的不是抱怨不断，而是和他共同承担，鼓励劝勉他。

突然想起大学时被我重重地写在笔记本扉页上的一句话：从心灵到嘴巴，一路都是锁。这句话，或许是我从某本书上看到的吧。我是讷于言的人，所以对这句话深有体会。此后的人生，我都在训练自己的"解锁"能力。

然而进入婚姻后，我发现自己常常需要做的事情，却是及时"上锁"——我需要有意识地管住自己的舌头，好让我口中说出来的话，是造就人，而不是摧毁人。

所以，即使他所有的决策都错了，我所有的建议都极为睿智，但如果没有温和的态度，我也全错了！

我不知道言语到底毁坏了多少婚姻，但我知道，妻子口中的句句抱怨、声声控诉，都将是对丈夫的"话语凌迟"。所以，我们每一次的开口，都需"三思而言"——

>我们需要：帮助他做更好的决定，而不是让他做我们想要的决定。
>
>我们需要：在他走向错误的决定时，不放弃温和地挽回。
>
>我们需要：在即使所有的结局都证明他错了，我们对了的情况下，不自以为是、棒喝抱怨，而是与他一同站在后果面前，甚至去安慰、勉励他。

夫妻之间的沟通，不是嘴的问题，而是心的问题。若我们足够尊重对方，也常怀爱意，那我们自然"其言也善"。

与其互相指责，不如解决问题

◆ 哈爸

贝贝熊系列丛书由"美国行为教育之父"博丹夫妇创作，在每一册的扉页上，都写着这样一句话："父母和孩子一起阅读，家长和子女共同成长。"

它确实让我成长了，就以其中的一册《谁的错》为例。

故事里，温柔和善的熊妈妈"最近不总是那么温和了，她常常感到很沮丧，脸上的笑容也不见了。因为大树屋里的生活现在被痛苦的、没完没了的争吵弄得一团糟"。

大树屋里从早到晚吵闹不休，小熊哥哥和小熊妹妹一直在相互指责——"他先惹我的！""不，是她先惹我的！""是她的错！""是他的错！"

这时，在厨房洗菜的熊妈妈听到打碎玻璃的声音。她立刻冲进了客厅，发现地板上一大堆碎玻璃片、一大片溢出的水和散落一地的玫瑰，而一旁的小熊兄妹正在大声嚷嚷着互相指责。

早上刚刚修剪了玫瑰枝,并把它们插进盛满水的花瓶里的妈妈已经受够了。她冲着还在互相指责的孩子们怒吼道:"够了!到底是谁干的?现在就告诉我!"

然后,小熊兄妹就开启了没完没了的"可是,可是,可是……因为,因为,因为……"模式。

妹妹说,是哥哥把这儿弄得一团糟的;哥哥说,是因为妹妹想戳他的肋骨;妹妹说,她只是想挠他痒痒,因为哥哥早上先挠她痒痒;哥哥说,那是因为妹妹昨晚就挠了他痒痒;妹妹说,是因为哥哥先把橡胶蛇放在她床上;哥哥说,那是因为妹妹在他的椅子上放了一个玩具……

熊妈妈终于意识到"她不可能找到问题的源头了,而她的忍耐已经到了极限",马上就要爆发了。

正在这时,熊爸爸回来了,他看着地上的一片狼藉,说:"我听说,'除了相互指责,还有很多事情要做'。与其这样吵下去,我们为什么不开始行动,把问题解决掉呢?"

然后,他们一家马上把客厅打扫得干干净净。

故事写着:"熊爸爸干得真漂亮!他结束了这场看似没完没了的指责和争吵。"

熊爸爸干得确实漂亮,他没有像熊妈妈那样去找"问题的根源",而是看到问题就立马着手解决。

确实,很多问题并不是只有找到原因才能解决的。

人们在现代管理方面,也发展出"聚焦式答案"的管理方法，就是调动所有力量为目标而不断努力，而不是用太多时间来分析问题。

"我们不去就问题的原因刨根问底，因为这样做通常的结果就是，你在寻找要责备的人，而不是让问题得到解决。"(《不懂带人，你就自己干到死》)

在公司里没有找问题原因的必要，在清官也难断的家务事里，就更没有必要了。事实上，遇见问题必须找原因的，除了医生，我目前还想不到有其他人。

然而，《谁的错》还没完！

作者表扬熊爸爸"干得真漂亮"之后，说熊爸爸回他的工作室，而孩子们也出去玩耍了。可没过多久，熊爸爸就听见了打碎玻璃的声音。熊爸爸冲到外面，发现他刚涂上油漆的玻璃窗被打破了，而小熊兄妹又在互相指责。

"熊爸爸咬着嘴唇，深吸了一口气，从1数到10……然后像火山一样爆发了。"这时，熊妈妈出来了，重复了熊爸爸之前说的话："与其这样争吵下去，我们还不如立刻开始行动，把问题解决掉。"然后，问题立马得到了解决。

看来，如果不注意克制自己的情绪，即使知道"与其互相指责，不如解决问题"，也无济于事。

我做错了，但婚姻对了

◆ 哼妈

我干过很多"蠢事"。例如，把蜂蜜当油，倒进锅里炒菜；又如，明明目的地在东边，却信心十足地一路向西；再如，对着眼前的"宋老师"，却大大方方地称"龙老师"（对方全名"宋龙华"）；还比如，买错火车票——

出发日期，5日，周六。选好车次，下单，付款，一气呵成，没有任何问题，直到那天吃中午饭。当时，我感慨道："明天的这个时候，我们就在回北京的路上了。"然后，我下意识地看了看手机，这一看吓了一跳——我买的是周六的票，而不是6日的票——今天，就是周六！火车已经发车了，改签、退票都来不及了。

顿时，我完全无心饮食，一心懊恼着被浪费掉的1600多元的车票钱，越想越生气。一旁的哈爸干脆也放下饭碗："没关系，正好我们可以多玩一天，重新订票明天再走。"我知道他在宽慰我——他没法按时上班,而且春运期间不可能再买到第二天的动车票,我们只能订机票,又得多花好些钱。

于是,哈爸带着小哈在我旁边各种表演,好让我高兴起来。包容比责备更催人向上。我做错了,但我们的婚姻却对了。

我想起一个故事——

一天早晨,戴维在草坪的一端教他 7 岁的儿子凯利如何让割草机掉头时,他的妻子简询问他一个问题。正当戴维回头说话时,凯利将割草机径直推进了草坪旁边的花坛,花坛瞬间被开辟出一条近一米宽的小路!

看到这一幕,戴维顿时火冒三丈。他投入了大量时间和精力打理这些鲜花,最终才成为邻居艳羡的对象。他正准备厉声斥责可怜的凯利,简跑了过来,对他说:"戴维,请记住,我们养育的是孩子,不是鲜花!"

所以,当丈夫因没将衣服分类就扔进洗衣机,而让我的裙子染上了颜色时,我在乎的是这条裙子,还是我们的关系?当丈夫花了一大笔钱,买了一台在我看来毫无价值的电子产品时,我看重的是这笔被浪费掉的钱,还是我们的关系……

也许,夫妻间的很多争吵,只是因为我们在情急之下忘了,眼前的这个人其实比什么都重要;我们也忘了,每一次自己或对方犯错,都是我们滋养彼此关系的机会。

婚姻中最简单又最重要的事——倾听

◆ 哈爸

我在微信公众号里策划了"给丈夫的100条建议",收到了很多妈妈的留言。这些建议,包括我没有放出来的(公众号只能放出100条留言),有很大一部分是关于夫妻交流的。其中,点赞数最多的一条建议是:"听到妻子的抱怨(丈夫)能有回应,而不是选择沉默或逃避。"

对于一个丈夫来说,好好听妻子说话就够了,如此,起码60分以上,甚至可以说是优秀的丈夫。但不是谁都有倾听的能力的,我们基本上没怎么学习过如何倾听。虽然有"听说读写"的说法,但大人只是要我们"听话",老师只是要我们"听课",这样空洞的要求,实质上并没有教会我们怎么倾听。

关于"写"的教育是有的,写作文、写日记;"读"的教育也是有的,读课文,还有一点点课外阅读;"说"的教育也有一点点，如演讲比赛，回答老师问题也是一种说。现在市面上有不少"说"的课程，如"奇葩说"、蔡康永的"说话之道"、马东团队的"好好说话"。

然而，关于"倾听"的教育，在中国至今几乎是一片空白。面对妻子的抱怨，做丈夫的怎么会知道如何正确地回应呢？其实，沉默或逃避也是一种回应。这就好比你要丈夫帮你拿一本书，丈夫拿了书过来，你只是对他说："不是这本（沉默或逃避），而是那本（回应）。"但你就是没告诉丈夫书名，没告诉他具体是哪一本。丈夫只好选择沉默或逃避，因为他的父亲在面对母亲的抱怨时，就是这么做的——原生家庭的影响是很深远的，会让人产生"强迫性重复"。

» 倾听是一个技术活

有一次，我的创业伙伴、大V店CEO吴方华问我："要不要卢老师做你的（商业）教练？"我犹豫了一下，然后回答说："要。"

我为什么犹豫呢？因为一个小时就要给教练好几千元。

"其实也不贵，重要的是你能不能从中有所收获。"方华说。

到底能收获什么呢？其实，卢老师也没"教"我什么，在我们沟通的那两个多小时里，绝大部分时间都是我在说，她只是听，有时候稍加引导。就这样，小一万元就花出去了。而且，我还决定以后每两周请卢老师来一次，也就是说，每两周都要花几千元。

那我为什么回答"要"呢？因为借着倾诉，我能把自己梳理清楚。

» 倾听也是一个体力活

两位编辑，因为要出版我和哼妈的书，访谈我们好几次。配合双方的时间是比较难的事，但我为什么没有选择我的同事来访谈我们，而是舍近求远地选择她们？

因为，好的倾听会激发倾诉。

在访谈时，我分享说："我虽然看起来沉默，不怎么愿意说话，但其实我特别愿意找哼妈聊天。"

我感觉男人很多时候之所以沉默，很有可能是因为他自己还没有梳理好，或者他认为自己的伴侣不是一个好的倾听者。

那么，怎样才算是一个好的倾听者呢？你要让倾诉者觉得自己是安全的、被接纳的，而不会被点评、被批判、被否定、被挖苦、被讽刺、被中伤、被蔑视……

哼妈做到了，那两个编辑做到了，卢老师也做到了。她们的价值都是很大的，只不过我只给卢老师费用而已。

这个世界很喧嚣，缺少好的倾听者。可以说，倾听是婚姻中最简单但又最重要的事。

听懂他的沉默

------ ◆ 哼妈

哈爸有许多擅长的事情,其中包括沉默。有时我会怀疑,如果世界上有沉默比赛,他会不会捧个奖杯回来。

有人说,男人有两个脑袋——一个丢了,另一个出去寻找丢失的脑袋了!在我们结婚多年后,哈爸还是没能找回那个"丢失的脑袋"。

所以,在我们家,你常常会看到一个男人,要么长时间捧着一本书一声不吭,要么,不停地来回踱步——哈爸用这种方法整理自己某个激动而缤纷的想法。

我想,沉默算是一种能力吧,至少,我没有被赋予这种能力。

在一项实验中,研究人员分别对4个不同年龄组(二年级、六年级、十年级学生和25岁的青年)的男性和女性进行了一项测试——男性或女性两两进入房间,坐到椅子上,然后想交谈的就交谈。

在实验过程中，所有的女性都将椅子转过来对着对方或侧身看着对方，然后开始交谈起来。男性却并排坐着，肩并肩，直视前方，偶尔瞅一眼对方。

没错，女人擅长"面对面"，男人习惯"肩并肩"，这是男女对待"关系"的典型差异。

与女人们天生擅长用语言来促进关系不同，男人们常常是通过共同参与一项活动来增进彼此间的感情的，如共同创业、一起踢球、一起打游戏。随着时间的流逝，他们相同的经历和共有的兴趣，使他们之间形成了一种亲密关系。他们在一起时通常很少抱怨，也很少谈论对对方的看法。

于是，当一个男人与一个女人一起进入婚姻后，这种差异就变得明显了。男人仍然会从男性的观点来看待自己和妻子间的关系，将妻子也定义为"肩并肩"式的朋友。因此，他会向妻子提出一个简单的问题："亲爱的，过来和我一起待会儿。"刚开始，妻子可能还会配合，但后来有了孩子，有做不完的家务事——还有许多比两个人傻坐着要重要得多的事情要处理。一言不发地待着，对妻子来说简直荒谬可笑，从小就熟稔"面对面"式的"正常交流"的妻子，完全搞不懂这套"沉默交流法"。

有一个数据说，在夫妻发生争吵时，85%的丈夫会成为冲突的终结者。当夫妻产生分歧时，妻子会将此列为"交流"的范畴，并努力推进，即使推进的方式是抱怨、指责——她试图借此来激发丈夫的回应。然而，对于丈夫而言，争吵却会给他带来巨大的压力,他的血压会升高,心跳会加快,他会认为自己难以控制情绪。为了让自己冷静下来,丈夫变得沉默,甚至一走了之,他真正的意图,其实并不是"拒绝交流""冷漠无情"或"不爱她"。事实上,他是在用沉默把愤怒和委屈尽量地收在心里。可惜的是,妻子很难领会如此"好意"。

如果从心灵到嘴巴有一段真实的路程的话,我想我的距离大概是10厘米,而哈爸的大概有100千米那么远!

哈爸很少与我直接辩论某件事,他深深地明白,与女人斗嘴是一件危险的事情,因为双方的游戏规则根本不一样:即使是"到达"同一个论点,男人会绕地球一圈,条分缕析才整理得序,而女人往往直接"抄小道"。

所以,我们家常常是很安静的,因为哈爸需要花费很多的时间去跨越他那漫长的"100千米",并在路途中默默地整理自己,如此到终点时,他便可以清晰明了、侃侃而谈。

如此看来,丈夫们的沉默里,其实也有妻子们不曾倾听的"千言万语"。

言及于此,我又想说,其实我不敢想象,这个世界上若没有男人们的沉默,该是怎样的一番景象;我也不敢想象,这个家庭里如果有一个健谈的丈夫,会是怎样的一番景象。看来,男人们的沉默里,也有另一层美意。

有些话，只适合搁在心里

◆ 哈爸

我对"有些话，只适合搁在心里"这句话，终于有所"领悟"。

对于哼妈来说，什么话是只适合搁在心里的呢？我想来想去，除了我们早就约定的不能说的"分开""离婚"等字眼，就只有这一句："看你把孩子带成什么样了？！"

在认识哼妈之前，我有一段恋爱史，在结婚之前我就向她坦白了。别说和别人牵手这样的事我敢和哼妈谈，就是对大家来说难以启齿的事情，我也都和哼妈谈过了。

但"看你把孩子带成什么样了？！"这句话，我已经试验过了，对哼妈说不得。

记得有一次，小哈摔了一跤，可能是摔疼了。哼妈没有及时过去安慰，小哈就一直哭闹。任凭哼妈怎么安慰，哭声就是停不下来。我便过去抱小哈，试图安慰他。但小哈却不愿意，就要待在哼妈身上或旁边。我随口嘀咕了一句："看你把孩子带成什么样了？！"

我承认，我有些吃醋了，为什么哼妈把小哈带得这么黏妈妈，哪怕在生妈妈的气时，都不要我这个爸爸安慰……然后，哼妈就生气了。

其实，我不确定哼妈当时是不是在生我的气。过了一段时间，我们聊起此事，她说我那样说她真的会生气，可我总是不信。

后来，在一个真实的、看起来我会说这句话的场景里，我再一次半开玩笑地对她说："看你把小哈带成什么样了？！"她果然又生气了，并严肃地对我说："以后别再说这句话了。"

哼妈当然知道，我很满意她把小哈带得这么好；她也知道，我非常认同她做妈妈的能耐；她更知道，在我眼里她是一个好妈妈。但即使如此，"看你把孩子带成什么样了？！"这句话，还是会让平时很淡定、从不轻易生气的哼妈不高兴。

所以，丈夫千万别对妻子说"看你把孩子带成什么样了？！"这句话，惹妻子不高兴是一定的，搞不好，她还会来一句："你行，你来带孩子啊？！"

有些话，只适合搁在心里，而不是挂在嘴上。当然，最好是心里都不要有。

一次"买买买"引发的夫妻讨论

◆ 哼妈

周六对谈明星演员陈小春,周日约见教育专家尹建莉,此后,哈爸还会陆续与一些"大咖"对谈。所以,哈爸周五需要置办一些"行头",两位同事自愿成为他的"形象参谋"。

三个半小时,一身正装衬衫西服,两双皮鞋,一条皮带,总共花了一万多元。看得出,两位"形象参谋"已经尽其所能地在品牌、款式和价格之间寻找平衡点了。

在回家的路上,哈爸幽幽地懊恼一声:"唉,这样花钱不好,以后不能这样了。"我便反射性地安慰:"没关系,偶尔为之,又不是经常这样,况且你也确实需要一套像样的正装。"

哈爸陷入了沉默,后来我才得知,他其实是在默默为这次消费行为寻找"意义和价值"。

有些事情就是这么有趣。这次"买买买",按下了哈爸那边的"葫芦",却在我这边又浮起一个"瓢"。

凌晨3点，我起床给哈爸收拾出差的行李，哈爸这时也醒了。当我再次躺下时，我们便决定聊一聊。

"今天花了这一万多元，我也有一些不安了，想到了3件事。"

"第一件事，就是我会想，这一万多元，如果给W（W是我们最近准备资助的一位病人），那真是雪中送炭啊！"

哈爸知道，之前煎熬他的，现在开始煎熬我了——我们深知，我们资助的人的生活境况如何。

"第二件事，我在想，怎样才是合宜的着装。其实也不一定要用奢侈的品牌来体现身份吧？合宜应该体现在着装的态度上——整洁、熨烫得当、与场合相宜的款式，这些就是着装的礼仪了吧？"

哈爸打算回应我的话题，但还是耐心等我讲完第三件事。

"第三件事，其实是自我检讨。这段时间，我在你的外出着装上懈怠了，熨烫得少了，预备得也不充分，我很愧疚，需要改正。"

我的话音刚落，哈爸便捡了起来。

"首先，我们有共识——我们都是节俭的人。我把这身衣服看作工作的投入——工作是需要投入的，无论投入时间、精力、才智，还是置办'行头'。我使用它，以便有更好的产出。也许今天我们只能资助她一千元，但日后产出更多，说不定我们就能资助她一万元了。"

哈爸说到这里，我的内心开始有些明朗。

"当然，我们会尽力去帮补穷乏之人，这并不会因为我们这次的额外花费而有任何改变——我们确定资助给W的那一笔钱，不会因此而取消；我们商定的公众号的打赏都捐给她，也不会因此而改变；我们的家庭财务计划中要帮补给他人的，依旧会执行。"

最后，哈爸花了一些口舌来宽慰我，大意是之前他上班没有着装上的特别要求，只是最近工作内容调整，商务会谈多了些而已，所以我不必太过自责等。

我们夫妻都惯于节俭，很少有逛街大肆购物的经历。

几年前，午后的阳光洒满客厅，他捧着一本书，我端着一杯茶，无来由地开始遐想，如果我们有很多很多钱——"一百亿！"，这是我们当时假设的极限，我们会做些什么。

他想了半天，苦恼地说："我还是会读读书，写写字。你呢？"我歪头想了很久，眼前出现了那张非洲孩子皮包骨头的照片，于是说："我会去非洲，和处于贫困极限中的人们一起。""还有呢？"哈爸追问。我又想了想："做一些跟环保有关的事情吧！"

我们对财富极限的想象，仅此而已。

几年后，哈爸创业了，坊间开始流传我们小有身价。

可是，第一次拜访的人发现，我们原来住在一个老旧的小区里；有好友抓拍了哈爸骑着我那辆二手女士自行车（后面还带着婴儿座）上班的照片；亲近的朋友在将我引荐给别人时，还打趣我"葱叶子都舍不得摘"……

无论是今日的富足还是先前的清贫，我们都不会盲目挥霍钱财，因为我们只是钱财的管家。

凡事都和老婆大人商量

◆ 哈爸

爷爷去世那天,爸爸给我打来电话,让我立马回老家。

我对爸爸说:"好的,不过老婆、孩子是否一起回去,我要跟哼妈商量一下。"

爸爸在电话的那一头发怒了:"这有什么好商量的,赶紧都回来。"

按理说,爷爷过世,我和老婆、孩子确实都应该回去。但挂了电话,我还是和哼妈商量了一下,而不是按照常理,直接要求哼妈和我一起回去,或者直接收拾一家人的行李。

那段时间,哼妈和小哈已经够折腾了。爸爸打电话的前两天,我们才从老家回到北京,而在老家也折腾了好久。尤其是爷爷病危,我们通宵守在病房前,直到爷爷稍微稳定了,我们才回北京，没想到爷爷会走得这么快。

"那我们一起回去吧！"疲倦的哼妈心甘情愿地说出了这句话。不仅如此，她想了一会，又做了一个决定——这次回老家，她要和小哈多待些日子，这样她和小哈既不会那么折腾，又可以多陪陪刚走了老伴的奶奶。

哼妈做出的这个决定，远超出我的预期，赢得了包括爸爸在内所有亲人的称赞。如果我是大男子主义的人，就算哼妈按照我的要求去做，也不过如此，她可能还会做得心不甘情不愿。所以，我当然乐意凡事和哼妈商量着来，这慢慢就成为一种习惯。

当然，这个习惯的养成，并非一朝一夕的事。哼妈是一个计划性很强的人，而我则比较随性。一开始，我遇到朋友就往家带，哼妈常常会生气。不是因为她不好客，而是她觉得自己没有做好心理准备，我也没有足够尊重她。

如果丈夫有事不和妻子事先商量，而是选择说一不二，就有可能逐渐失去妻子的信任和尊重。所以，后来我就学乖了，凡事都和老婆大人商量。惊喜，只是我凡事都和哼妈商量的自然结果。

谨守分寸，婚姻才会更美好

◆ 哼妈

早上，送完小哈回来，哈爸已经起床了，正坐在沙发上穿袜子。

我说："我生气了。"

"你生什么气？昨晚我叫你，你都不理我。我才生气呢！"

"我先叫你跟我聊天，你半天不来。我才生气呢！"

"我后来上床啦！我叫你，你却一直看手机。我才生气呢！"

"我才生气呢！你上床就直接趴下睡觉，根本就不想跟我聊天。后来你是在叫我'睡觉'，而不是叫我'聊天'——我喝了一下午咖啡，根本睡不着，只能看手机啊！"

"我根本没睡觉，只是趴着。我一直在等你聊天，你不理我。我才生气呢！"

"可是你最喜欢的睡觉姿势就是趴着呀，你趴着就说明你想睡觉了啊，我才生气呢！"

正在我们开启"过家家式"的吵架模式时,堂弟从次卧走出来,我说:"我们在吵架。"堂弟一脸迷惑:"你们这算是吵架啊?"然后我们继续。

吵架的缘由是,睡觉前我邀请哈爸上床聊天,他逗留良久后才上床趴下;我认为他要睡觉,于是就看手机;他一直等我聊天却没反应,就叫我"睡觉";后来,我放下手机试图睡觉,他却满脑子文件,又爬起来通宵写文章,于是我们就互相置气了。

最后,我说:"昨晚好多蚊子,我打死了3只,还有一只最狡猾的,一直没打到。我就干脆开着灯,想着你要是开房门,看到我开着灯睡觉,你就会生气——可你根本就没开门,压根都没气到你。"

哈爸忍不住笑了。

哈爸收拾完准备出门,我送到门口,他照旧说:"我上班去了!"我照旧说:"工作愉快!"他额外说:"对不起!"我也额外说:"我也对不起!"我们亲吻告别。

∽ ∽ ∽

我和哈爸严格意义上的"吵架",应该是在几年前,而结婚这么多年中有限的几次"吵架",大抵情形是我生气不说话了,他道歉安慰,然后各自把想说的、该说的都说了,也就和解了。

想想我们的婚姻,许是温吞了一些,没有刀剑争锋的爽快,也少了平仄丰富的情节,既谈不上举案齐眉、相敬如宾,也算不上你侬我侬、浪漫缱绻。如果一定要用一个词形容我们的婚姻，那只能是"谨守分寸"——夫与妻的分寸。

我们知道，两个人走入婚姻，是为了建造关系，而不是为了拆毁关系。所以，就算是"吵架"，我们也会有意地勒住口舌，不让吵架成为发泄、伤害或破坏。这，是我们言语上的分寸。

我们也知道，丈夫和妻子各自当有的样子——妻子当尊敬丈夫，丈夫当为妻子舍己。所以，就算是"吵架"，即使我心有怨怼、满腹道理，我也不能站在高地上得理不饶人；即使他理不亏、词不穷，他也会舍己屈尊，先道一声"对不起"。这，是我们态度上的分寸。

我从不认为，婚姻是一条可以任意驰骋的康庄大道，相反，婚姻可算作一条需要彼此为对方侧身方可同行的小路——也只有侧身的姿势，才能让自己的眼睛总看到对方。

婚姻里的分寸感让我清楚，如果我挥臂行走、目中无人，那这条路上，也就挤不下他了。

在一条狭窄的路上，我们愿意让自己束手侧身，是为了能与对方携手同行，这大概也是婚姻的美好之所在吧！

CHAPTER 5

全职妈妈，一条相夫教子的回家路

——> 我梦想的日子，就是管管家、相相夫、教教子、晒晒太阳、读读书，现在做全职妈妈，实现了我真正想要的生活。那么，我为什么要做全职妈妈呢？这个理念从哪儿来？全职之后，又有哪些挑战和哪些收获呢？

我为什么做全职妈妈

◆ 哼妈

我有一个梦想,一个关于回归家庭、相夫教子的梦想。职场历练数年,一直都没有找到一条更好的"回家"的路。于是,孩子成了我实现梦想的一个契机。如果以前我想回家得"翻墙",那么有了孩子之后,就如同墙上开了扇门。

我和哈爸之前都做过教育媒体的工作,得以了解很多关于育儿方面的基本常识。例如,孩子在0~3岁时,需要妈妈的充分陪伴;在孩子6岁以前,妈妈的影响很大,对孩子的内在构建及安全感的建立等都很重要……所以,我和哈爸几乎无须商量就认定,我们要给孩子一个完整的妈妈。

也许有些人认为，做全职妈妈没有安全感，而且会逐渐失去自我。这种心理的背后，大概是认为全职妈妈这个职业的价值低于其他职业，否则就不会存在这种落差感。

在我心里，相夫教子其实比其他工作更难，它需要我更多的智慧、忍耐、包容、高效。如果有一天，我需要重回职场，我不会发怵，因为我一直没有停止工作。

成为全职妈妈的另一个阻碍，来自身边的亲友。我回归家庭不久，家里的长辈都希望我能够回归职场——他们希望我可以出去赚钱，减轻家庭的经济负担；他们觉得我浪费了自己的才能，"孩子要么送幼儿园，要么放老家给我们带，或者我们去北京带也行"。

但我们认为，**让一位母亲不陪伴教导自己的孩子，才是更大的荒废**。

也许，每个全职妈妈都有自己的心路历程。有的妈妈并不热衷过相夫教子的生活，她们虽然享受跟孩子在一起的时光，但也同样热爱自己的工作。但我还是愿意呼吁有意愿、有条件的妈妈能够回归家庭。因为孩子一生中需要母亲贴身陪伴的时间，也只有这短短几年，一旦错过，就不复返了。这几年，对妈妈来说，只是暂时的牺牲，可对孩子来说，却拥有了一个有妈妈尽情陪伴的美好童年。

我常跟哈爸说:"以后小哈结婚了,我希望他也能够自己的孩子自己带。我已经带过了,所以知道这段经历里有无以言尽的各种滋味,这段经历如此美好,我希望小哈未来也有机会体验。"

∞ ∞ ∞

然而不可否认,全职妈妈并不是一件浪漫的事,它更现实的一面在于,我们愿意过清贫一些的日子,也不计较"谁赚钱、谁没赚钱"的问题,甚至可以具体到,当我们的亲戚家需要打理一些人情世故,如侄女考大学、堂妹生孩子之类的,需要跟丈夫商量送点礼金时,我们的内心是否会受到冲击。

曾经有人这样问我:"我也很想陪孩子长大,你说我要不要回归家庭做全职妈妈?"

我的回答是:"你与其问我,不如去问你的丈夫。因为即使我支持你回去,如果你的丈夫不支持,我也建议你不要贸然回归家庭。因为没有丈夫的支持,全职妈妈这条路走到最后,定会精疲力竭,家里也可能一塌糊涂。那么你当初想陪孩子度过一个美好童年的愿望,可能根本无法实现。"

因此,全职妈妈这条路想要走得更好,丈夫的支持很重要。因为,没有丈夫的支持,这条回家之路就会变得艰难无比。

人要离开父母，与妻子联接

◆ 哈爸

《圣经》里有一句话：人要离开父母，与妻子联接，二人成为一体。

》人要离开父母，与妻子联接

人在结婚之后，应当离开父母。这个"离开"，不是指不和父母住在一个屋檐下，而是指我们要独立，不管是经济上还是心理上。现在社会上有不少"啃老族"，房子要老人买，孩子给老人带，离开父母的"双拐"，他们便无法站立。

夫妻刚刚结婚时，两个人过快乐的二人世界，幸福得很，哪里会想与父母同住？现在有不少年轻夫妻和老人同住，是因为有了孩子，需要老人来帮忙。我们一定要记住，带孩子不是老人的义务，他们只是帮忙——对于帮助我们的人，请心怀感恩。

» 回归家庭，才能真正实现独立

我认为，孩子的出生是一个捋顺家庭秩序的契机，如果抓住这个契机，就意味着我们真正独立了，不再属于"啃老族"了。夫妻可以借教养孩子的机会，梳理整个家庭。

现在，整个环境都在影响着妈妈的判断和选择，好像只有工作才有价值，做全职妈妈就没有价值。这种价值观导向，掩盖了人性里最基本和最重要的东西——很多女人并不看重"妈妈"的身份、"妻子"的身份，很多男人也不看重"爸爸"的身份、"丈夫"的身份。

哼妈回家做全职妈妈的一个很重要的原因是，我们俩捋清楚了为什么要回来——无论是实现她相夫教子的梦想，还是我们需要离开父母、借机捋顺整个家庭的秩序……种种原因，都让我对哼妈回归家庭十分支持。

但是，我们还是会面临很重要的现实问题：第一个就是经济问题；第二个就是其他人，尤其是父辈的认同。

经济问题会引起夫妻双方对未来的不安全感，这确实是非常困难的。哼妈回归家庭的时候，我正在做微信公众号，并探索出了一些可以赚钱的方式，逐渐赢得了哼妈的信任。她觉得我好像慢慢变得靠谱了，值得依靠了，这也是一个妻子重新认识丈夫的过程。

》夫妻之间的问题，一定要自己解决

夫妻之间一定要非常和睦，不要让别人钻空子。如果让父母看见我们的不和，他们就会想从中帮忙，结果反而越帮越忙。

从一些对婚姻的调查中我们可以看到，很多人离婚的一个重要原因，就是长辈的介入。

哼妈做全职妈妈后，我的父母也曾建议哼妈回去上班。我就对父母说："哼妈其实很能干，你看她原来帮助老总把公司做得多好！现在她在家做全职妈妈，又能带孩子，又能帮助我，我是赚大发了。如果不是看在我是她老公的面子上，她还不跟我玩呢！所以你们不要觉得她不赚钱，如果要给她付薪水的话，我根本付不起的。"

父母听我这样说，还能有什么话说呢？

有一年春节，哼妈带小哈在老家，我提前回北京上班，但我每天都会给他们打电话，不仅打给哼妈，也打给我的爸爸妈妈，我希望哼妈可以快点来北京。我就是想让父母意识到，哼妈真的帮助我很多，我很需要她。以前，父母认为哼妈就是在家带孩子，现在他们知道了，哼妈并不仅仅是在带孩子，还能帮助我。所以今年在她回北京之前，我妈就会跟哼妈说："你赶紧回去吧！"

总之，夫妻之间的问题，一定要学会自己解决，如果给别人留下缺口，他们就会破口而入。

全职妈妈的挑战

◆ 哼妈

》给丈夫足够的信任

我在职场的那些年,也是哈爸频繁跳槽的那些年,当时我一直待在一个单位不敢动,因为我认为,这个家里如果没有了我的收入,应该就转不动了——我把家里的经济大梁全都扛在了自己肩上。

后来,我离开职场回归了家庭,却发现自己被上了一课——以前我在职场,哈爸的事业一直处于蛰伏期,当我回归家庭之后,他的事业反倒"井喷"了。原来我认为哈爸在经济上没法挑大梁,没想到当我把这个位子空出来之后,他自然就坐了上去。当我一分钱收入都没有的时候,哈爸开始真正为这个家操心了,那么多年都视金钱如无物的他,突然开始想赚钱养家的事了。

很多妈妈跟我说,如果她们的家庭条件怎样怎样,她就会做全职妈妈。我说:"我们当初就两万元钱,我也回来了,等我回来之后,哈爸就起来了。"但是,每当我这样说的时候,对方都会摇摇头说:"不,你老公能做大V店,我老公是不可能的。"

问题是,当初我也没想到哈爸会做大V店啊!哈爸开始做大V店的时候,我都已经全职在家两年多了。那两年里,我亲眼见证他从每个月3000元钱基本工资的岗位上请辞,到凭一己之力养家糊口。

» 先相夫,后教子

在婚姻中,我们很容易犯这样的错误:当丈夫的需要与孩子的需要并存时,我们会不假思索地选择先满足孩子的需要。

不!将一个孩子排在其父亲的前面,就是给这个孩子一个混乱的世界格局——对孩子来说,家庭就是他最初的全部世界。当有一天,母亲责备自己的孩子自私、自以为是、以自我为中心、目无尊长、骄傲自大……时,别忘了,当初就是这位母亲将孩子放错了位序。

夫妻关系重于亲子关系,这几乎已经成为妈妈们熟知却"有口无心"的观点。

当小哈催着我带他下楼去玩时,我说:"对不起,我需要先把爸爸的衣服熨烫好。"小哈理所当然地接受,因为他早就明白,这个世界有一种位序,让他知道自己在哪里,如此,他便一生安稳。

» 孩子不是"成绩单"

"孩子表现不够好＝全职妈妈不够努力＝回归家庭的失败",这是大家普遍存在的一种误解。周遭对全职妈妈的所有检验,都集中于孩子的表现,仿佛这关乎全职妈妈的整个"面子"。

全职妈妈几乎没有借口——没有工作忙的借口,没有隔代教育的借口,也不太好推给孩子他爸。所以,当全职妈妈的孩子被同龄孩子比下去时,这并不是一件很容易"消化"的事情。

小哈在2岁的时候,便被大家预言:这么黏妈妈,将来上幼儿园不知道会哭成什么样。每当大家这么说的时候,我都只能讪讪地笑。但我在心里不断地告诉自己:一个被母爱充分"喂养"的孩子,怎么会没有力量离开妈妈的怀抱呢?他一定有足够的力量走向社会。最后,小哈上幼儿园的时候,真的没怎么哭。

过年时,亲友围坐在一起吃饭,也曾有人说:"你看,人家自己带出来的小孩就是不一样,能够认认真真地坐着吃饭,而不是到处乱跑。"我心想:幸亏小哈今天没跑,要是跑了,是不是就给全职妈妈丢脸了?就在这时,小哈也开始满场跑了,像现场所有的小孩一样。

孩子并不是我的"成绩单",我不会狂妄地认为,我可以把控另一个独立的生命。我会尽自己为人母亲的本分,但结果绝不在我的手上。这不是推诿,而是谦卑,也为释放——凡事尽心尽力,将结果交给命运。

一个爸爸每个月要赚多少钱，才能撑起一个家

◆ 哈爸

"一个爸爸每个月要赚多少钱，才能撑起一个家？"这是知乎上的一个问题，一位丈夫的匿名回答，赢得了大家几万个赞。

这位丈夫"一年赚二三十万元"，他的爱人是全职妈妈，但他却说："撑起这个家的，不是我，而是她。"

他列举了一些理由："如果有男人认为，自己每个月给家里丢个一两万元钱，就算撑起了一个家，成了这个家的主人，未免也太省事了些。钱不好赚，可是家务事的料理，丝毫不比赚钱轻松。"

"家里的一切事务，房子的装修，水电费的缴纳，衣服被褥的洗换更季，孩子的吃喝拉撒，全是她一个人管。我所能做的，就是把工资卡交给她，偶尔回来带带孩子、干点活。"

实际上，这个丈夫做的，远远不止是"把工资卡交给她"，

更重要的是，他尊重自己的爱人，也就是一个全职妈妈的付出。他从内心深处认为，"家务事的料理，丝毫不比赚钱轻松"。

"巧妇难为无米之炊"，女人当然需要钱来持家。但不管是全职妈妈，还是职场妈妈，更需要的是丈夫的理解与体贴。一个丈夫如果能够理解妻子的辛苦，她再辛苦都会觉得值。

然而在现实生活中，很多丈夫并不像知乎上的这个回答者那样理解妻子的辛苦、认可妻子的付出，他们不懂得怎样尊重自己的妻子。很多女性不但要一边工作一边育儿，还要照顾家里的大大小小，辛苦可想而知。

我也是在有了许多经历之后，才稍稍能体会一点做妈妈的辛苦的。

哼妈是一个全职妈妈，小哈刚刚出生那会，有几次哼妈出去办事，我就请假回家带小哈。

哼妈跟我反复交代了很多注意事项才出的门，可是她刚刚出门一两个小时，我就开始受不了了：孩子为什么会一直哭闹呢——难道是饿了？困了？尿了？拉臭臭了？想妈妈了……我烦躁得很，猛然意识到，原来哼妈就是这样一天24小时、全年365天被孩子"折磨"着的。

这个丈夫的回答，是能够让很多人受益的。在我看来，一个家庭的合理分工，就是男人赚钱，女人持家，夫妻二人互敬互爱。因为男人的热情、注意力往往在工作和事业上，而女人往往在家庭和孩子方面比男人更擅长。

一份全职妈妈的账单

------ ◆ 哼妈

我又想起了F,这个整天围着小屁孩转的女人。就在不久前,她还是签一个单子十几万元的动静,动辄欧洲各国溜达的气度。如今且不说分文未进,"仰夫鼻息"地过日子,单单是从杀伐决断的谈判桌转到汤汤水水的儿童餐桌,也是够她喝一壶的了。

有了孩子后,到底该不该辞职回家带娃,是横亘在很多妈妈面前的一个问题。在小哈3岁的时候,我决定整理账单,算一算我这分文未进的3年盈亏几何。

» 时间账单

一早送小哈到幼儿园,他就满教室忙活。我在路上买了早点,回家和哈爸共进早餐,聊聊孩子和他的工作,然后送他出门。

转身，我直接切入高频节奏，快速收拾家里，擦家具拖地，手洗完衣服再丢进洗衣机，然后去买菜，回来后分放好菜果，然后晾衣服，顺带收起干衣服熨好、叠好。好了，接下来可以安静地看看书、码码字，或者帮某个职场的朋友干点活儿，再给自己弄份简单的中餐，吃完继续。下午3点半，收拾起书和电脑，洗菜择菜切菜，准备就绪，出发接小哈，然后陪孩子玩到6点。之后做饭，在哈爸回家后，一家人吃饭，然后一起共享天伦。晚上8点，给小哈洗澡、讲故事。小哈睡觉之后，我再看点资讯或电影。

这就是我现在的"时间账单"，配上金星的手势，应该说——完美！

但在小哈3岁前的那段日子，我的"时间账单"完全不是这样的。从早上小哈起床到晚上睡觉，除去做饭、吃饭，其余内容，全都是"陪他玩"——讲故事、做手工、拼积木、画画、唱歌、念诗、亲子游戏、奔跑、踢球、爬山、骑自行车……所有一切家务及其他，都排在小哈睡着后进行。

我很少见过既高质量陪伴孩子，又把家庭操持得很好的全职妈妈，反正我累得跟头牛一样——所以，小哈一上幼儿园，哈爸就打击我一切蓬勃的计划，只让我做一件事，"先休息一阵再说"。

可见，在我带娃的这段日子，时间账本"透支"得相当严重。

» 经济账单

我是很节俭的人，而节俭的人最适合过的就是"穷日子"。小哈出生至今，穿的衣服鞋袜，大都是别人给的。哈爸因为知道服装的印染有多大问题，所以并不介意；小哈知道"这些衣服上面有别的哥哥的爱"，所以也不介意。于是，这项比较大的开销基本可以算是免了。

由于我很听一个叫"世界卫生组织"的"大妈"的话，坚持母乳喂养直到小哈20个月，所以，奶粉这项开销，又省了不少。

当然，也有新增加的开销，那就是买书和尿不湿。小哈3岁的时候，绘本已购置了近800本，而我3年来新增的育儿书也有近百本，这是没法免的。至于尿不湿，我不想因为两泡尿让自己疲惫不堪，也让孩子睡不好，所以小哈一直用到了快3岁（2岁后就只睡觉用）。

由上可见，不论我怎么"节流"，一个不争的事实是，我在回归家庭后，不仅没有了工作时的那份收入，相反还增加了一些新的开支。

但，总是会有一些"意外之财"的。

在我成为全职妈妈、工资为零后，那个一年跳两次槽、工资只有我1/3的丈夫，突然被委以重任，于是奋发图强，自觉挑起家庭经济大梁，一个人挣了超过当初我们两个人的收入，还额外激起了他的家庭责任感。这是我不撒手时万万看不到的。

所以，我有时候会开玩笑："我们可以低估一个女人花钱的能力，但千万不要低估一个男人赚钱的能力——无论他当初看上去有多不靠谱。"

这么看来，我的这本经济账单几乎是"持平"的。

» 职业成长账单

这时，该有人善意提醒我遗漏了一项重要的账目：3年，你离开职场，自我技能没有提升，社会信息没有更新，各种资源尽数流失——这一项，你"赔本"了。

我想了想，不对！

职场中最核心的技能竞争力，不是你的手和脚，而是你的脑和心。在离开职场前，我的职位是董事长助理兼部门负责人——我需要搞定一位老总和一群下属。而当我真正面对一个不足3岁的孩子时，现实告诉我，那都不是事儿。

我说服一位董事长，只需要讲道理、陈利弊；我要求一群下属，有时甚至只需发一道通知；而我要说服这个3岁小孩，却需要选择最恰当的时机、地点，最和蔼的态度，最美好的语言，最生动的叙述，并且不一定能成功。也就是说，我无时无刻不在操练自己的大脑。

又或者，我在职场中遇事不顺，可以选择对上忍气吞声，也可以选择对下强力执行，而我面对这个3岁小孩，却需要启动我全部的宽容、忍耐、仁慈、良善，以及高频率的自省反思——这些也不一定让事情顺利。也就是说,我无时无刻不在操练自己的内心。

至于那些技术活,捡起来不过是分分钟的事;至于信息的更新,满手机的App,只有你想不想知道,没有你能不能知道;至于各种资源,我相信,能流失的就一定能回来,这是不断变化的"资源"唯一不变的属性。

我也曾扪心自问,对于那些纠结着是否要放弃事业、回归家庭的妈妈们而言,除了家庭经济的考量,还有"再就业"的忧虑——3年后,即使大脑和内心都操练了,但要和年轻的"00后"竞争,也难免会有失意之感。

我劝慰自己,如果今天我和一群小年轻一同上岗,我相信,接下来的职场中,我一年能向上走的路程,应该与他们不一样——在曾经的职场中所历练的,在全职妈妈期间所操练的,一定不会白费。

所以,这份账单中,难得地出现了"收益结余"。

» 第四份账单

现在有一种"流感",叫作"隔代教养忧思症候群"——让老人带孩子,当妈妈的会得的一种病。

症状:轻则因"说不得老人、不满意孩子"而出现忧思郁结、愤懑寡欢;重则因诚恳直谏而出现婆媳矛盾、夫妻不和。后遗症是孩子的品格、习惯一旦有不如意的地方,内心就会产生问责公婆的"膝跳反射",进而遗憾自己当年没有亲自带娃,经年不息。

我没得这病,省了这笔心力开支。当然,我不是说自己带娃就没有问题,只是无论孩子的品格、习惯上有多大的瑕疵,我都会自觉自主地买单,而不殃及他人,也不祸及自己。

此外就是眼前这个被母爱充分喂养的孩子,他相对充足的安全感、健康的内心和丰盈的生命……才是这个账单"收入"栏里最醒目的内容。

以上是我在小哈0~3岁这3年的全部账单——时间账透支,经济账持平,职业成长账略有结余,最后的家庭账收益颇丰。这样看来,还是划算的。

有一种伟大的职业，叫作全职妈妈

◆ 哈爸

一次，哼妈在公众号上写了一篇关于全职妈妈的文章，留言者众。然而，从各种留言和评论中，我们可以看到，这个社会上还有很多人不接纳全职妈妈，甚至有些就是全职妈妈自己——她们无法接纳作为全职妈妈的自己，觉得自己是不得已才从职场上退下来照顾孩子和家庭的。

一个全职妈妈甚至留言说："我的脑海里经常闪现出活着没意思，不知道为什么活着的疑问。"

如果我们花钱请一个人到家里来叠被子、买菜、做饭、洗衣服、打扫卫生等，那么人们会承认这是一个有工作的人——保姆；如果我们把孩子送到幼儿园，幼儿园里有人负责给孩子喂饭、哄睡、叫起床、洗漱，以及带孩子玩耍、做游戏、讲故事等，那么人们会承认这是一个有工作的人——幼儿园老师或保育员。

那么，为什么全职妈妈集保姆、育儿嫂、老师等职责于一身，却不被承认是一种工作呢？难道是因为没有人给全职妈妈发薪水吗？

刘志雄在《为谁辛苦为谁忙》里说："现代人的观念是把工作跟赚钱画上等号，认为只有赚钱的事才叫工作，没有赚钱的事就不算工作。"

这种观念深植于我们（包括一些全职妈妈）内心深处，以至于大家都觉得全职在家不是一种职业，全职妈妈所做的工作是没有意义和价值的。

工作就是为了赚钱和生存的观念，不仅伤害了一些在家工作的全职妈妈，更伤害了一些在职场中工作的人——有多少人把工作看成不得不做的苦差事？

很多人希望自己能够早日实现财富自由，或者至少能够早日退休。如果自己生存无忧，如实现财富自由或熬到退休，恐怕这个世界上90%以上的人不会选择继续工作（也有很多人不工作后感到空虚无聊，又开始工作了）。

我们生存所必需的，难道都是工作赚来的吗？空气、阳光、雨水……这些难道是我们工作赚来的吗？如果没有空气，我们如何生存呢？但我们又为空气做了什么呢？空气、阳光、雨水……对所有人来说都是免费的、可以白白获得的，这些都是自然的馈赠。

当然，我不是说人不需要工作——借助工作，我们不仅能够满足物质上的需要，也能够获得精神上的满足。

全职妈妈在家里工作，她们没有薪水，但很有可能间接地获得薪水。哼妈回归家庭后，我涨薪了，比当初我和哼妈两个人工作时的薪水总和还要多。我能涨薪，很大程度是因为哼妈，她让我更有动力也更专心地在职场工作。

全职妈妈虽然没有薪水，但她们通过在家里的殷勤工作，很有可能（我说的是"可能"，和任何工作一样，要求的是尽心尽力尽责，而不是结果）收获一个更好的孩子、一段更和睦的婚姻、一个更好的丈夫、一个更加温馨干净的家，尤其是一个更好的自己。这些，哪里是钱能够买到的呢？

我们既然花钱请老师，也应该花钱在全职妈妈身上。在有些国家，政府是给全职妈妈发补贴的。即便做不到给全职妈妈发补贴，也要给全职妈妈一个名分，认可在家工作也是一种职业，并且是一种伟大的职业。当然，这种观念需要家人，尤其是全职妈妈自己的认可。

记住，世界上有一种伟大的职业，叫作全职妈妈。

让家成为一个吸引人的地方

------◆ 哼妈

F带娃在我家住了两天，我不客气，她也不见外。夕阳下我们告别，即使几天后就可能再见面，可说再见的时候，她还是感伤到落泪——她就是这么个多愁善感的姑娘。

可她也是个坚强的姑娘。婆家有事，带着娃就飞婆家；娘家有难，抱着娃又飞娘家；外地的房子有情况，牵着娃又飞外地，活生生累得"大姨妈"缩短了10多天——只因为她摊上了一个在创业公司里拼命的丈夫。

某个晚上，两个孩子泡在玩具堆里，我俩盘腿坐在沙发上。我说，我在打一场"抢丈夫"的仗。

在这个世上，大概每一个妻子的家门口都蛰伏着无数的"敌人"——事业的吸引、名利的诱惑、成就感的呼唤、酒局饭局游戏局，无一不在召唤着丈夫们走出家门。

于我而言，那个叫作"事业"的东西，一直在与我拉锯争夺着我的丈夫——它催促着哈爸匆匆用过早餐，便开门而去；它又缠绕着他的双脚，让他迟迟不归；它牵扯着哈爸的注意力，扰乱着他的时间排序；它企图引诱哈爸忽略家庭，好在职场上全力以赴；它天生拥有冠冕堂皇的借口，企图让我不战而败——男人追求事业，难道有错吗？

男人追求事业当然没错，但男人为了追求事业而放弃自己为人夫、为人父的诸多责任，就错了。

我的战场早已燎原。

当他愿意和我聊天的时候，我集中精力，即使聊的都是他的事业，即使我并不感兴趣，我也会努力陪他聊得兴致盎然——这样他才愿意更多地和我交流，而不是和别人。

他每次离开家门，我都会在门口殷切相送，无论我手上拿着奶瓶，还是满臂肥皂泡——带着妻子的叮嘱和祝福出门的丈夫，该多一份回家的动力吧？

他每次推开家门，迎接他的永远都是我和孩子的欢呼雀跃，他不会相信世界上还有什么地方比家更欢迎他了。

我勤劳清扫内室，使其整洁温馨，因为凌乱满垢的房间，怎能安放我的良人？我主动清扫内心，使其敞亮温柔，因为满腹牢骚与抱怨只会助纣为虐，推他而去。

我对他晓之以理：我希望你最终不要成为你最不想成为的那个人——你希望你的事业助益无数家庭，而你自己却最终成为一个忽视家庭的人。我希望你手中所做的，正是你口中所倡导的。

我对他动之以情：我不知道你的岗位多么需要你，但我知道我和儿子多么需要你；我不知道你的工作是否可以由人替代，但我知道你为夫为父的工作无人替代。你每一次晚归的分分秒秒里，都有孩子无数次"爸爸怎么还不回来"的询问和妻子"爸爸很快就会回来"的安慰与自我安慰。

我对他威逼利诱：如果你能晚上7点前进家门，11点前关手机上床休息，你就可以获得一次舒缓按摩奖励（哈爸喜欢被按摩）。

我尽我的智慧，去打这场"抢夺丈夫"的仗，只因为，我的丈夫正处于时刻被掳走的危险之中，我需要尽我所能地帮助他回家。

帮助丈夫更愿意回家，是我们为人妻的本分。即使有再多的愤懑与不满，我们也当明白，我们的矛头不应指向丈夫，而应指向丈夫背后诱惑他的事业，勾引他的成就感……我们要做的，是"策反"丈夫，让他和我们一同战斗。

这是一场美好的战争——让家成为一个吸引人的地方，它终将通往橘灯温染、和乐融融的客厅，通往呢喃相拥、缱绻入眠的床榻，更通往合二为一、骨肉相弥的婚姻最初的样式。

谁来给全职妈妈放假

◆ 哈爸

一直以来,我都倡导3岁以下孩子的妈妈尽可能地回归家庭做全职妈妈,给孩子一个有爱、有安全感的童年。

然而,对于一个家庭来说,让女性从职场回归家庭,却并非一个容易的决定。除了家庭的经济压力,还有一个问题没有得到大家的重视——全职妈妈是一份一天24小时且全年无休的工作,谁来给全职妈妈放假?

我曾经在上海童书展上见过一位全职妈妈。那天刚好是周末,她无意中说的一个情况,让我这个做丈夫、做爸爸的羞愧不已。她说:"在我们家,我这个全职妈妈每周是有两天假的,周末两天由爸爸来带孩子。"

正如俞敏洪老师所说:"中国妈妈是最需要服务的群体。"全职妈妈真的很辛苦,她们也需要休息,需要假期;她们也需要时不时地看看电影、逛逛街、见见闺蜜、参加一些活动、学习一些课程,或者就是去咖啡馆发发呆。

应该怎么办呢?其实,我曾经想过一个办法——"拼妈计划"。简单地说，作为妈妈，你可以替别的妈妈暂时带一下孩子，别的妈妈也可以替你暂时带一下孩子。当然，如果你是幼师，你也可以加入这个计划。但由于很难推行，这个计划最后不了了之了。

目前来说，如果爸爸们能够适时地给全职妈妈放放假，可能是最为理想的解决方案。其实一直以来，我也很想给哼妈放假，哪怕一天半天也行，但我做得不是很好。这里有现实原因，也有主观原因。例如，我一周要工作6天，周日自己也需要休息，但我承认自己做得不够好。

尽管还没有想出一个更好的办法，但我深信，丈夫的理解与支持，会给全职在家的妻子带来很大的安慰。毕竟，没有什么比全职妈妈的身体健康、心情愉悦更重要的了。

婚姻里，有一个家叫"他们家"

◆ 哼妈

下个月，小姑子就要生二胎了，妹夫在外地工作。我在网上订了一个待产包，告诉她："生完后先穿一次性内裤，等恶露少了再穿你自己的，免得坐月子期间让婆婆洗你的内裤。"我怕她到时尴尬。

虽然急着出门，但我还是啰唆了一番，提醒她给老大准备个礼物，等到老二出生时送给老大；提醒她给老大多做心理建设。路上，我还翻阅了一些关于二胎的文章，找了篇合适的发给她。

其实，我跟小姑子并没有怎样的深情厚谊——我们没有太多的交集，在一起相处的时间也不过寥寥数日，我不知她的故事，她也不明我的思虑。如果她是我自己的妹妹，我会更上心、更仔细。

今天有一个群异乎寻常的热闹。起因是有人一早怒气滔天地向众人控诉自己的丈夫昨天偷偷加借给小叔子2万元钱买房,"偷偷加借"的意思是,之前已经公开借了一些,"他到底什么意思?之前借给他弟10万元,我啥都没说就同意了,还会在意这2万元?其实重要的也不是这2万元,重要的是他这样做的态度——不跟我商量,偷偷摸摸地借,他到底是几个意思?!"

于是,群里一大早就炸开了锅,各家都从案板上直接拿菜说事:有说老公背着自己送已经工作的小姑子读美术班的;有说丈夫每月偷偷给公婆私房钱的;有说公公为了面子硬要儿子说服媳妇给关系户签单子的……

很快,轰鸣的炮火集中指向同一个敌人——"他们家"。

∞ ∞ ∞

这个"他们家",似乎在经济上天生占有"你的可以是我的"的优势,因为"我们是一家人";这个"他们家",似乎也拥有"随时干政"的特权,因为"我们都是为你好"。于是,这个社会的男人们,他们奔涌的血液,支持着他们的生息,同时也成为捆绑他们的绳索。

而交给"帮助者"们的难题,便是如何既帮助丈夫们解开血液的捆绑,又帮助他们借由血液而生息丰茂——这是多么矛盾的工作,又是多么精巧的工艺啊!

在我为妻的功课簿上，有这样两句话——

"人要离开父母，与妻子联接，二人成为一体。"

"人若不看顾亲属，就是背了真道，比不信的人还不好。不看顾自己家里的人，更是如此。"

前一句告诉我，当为家庭立界限，存留对"他们家"说"NO"的自由。

后一句提醒我，当践行我所信仰的，常怀对"他们家"的恩慈与良善。

婚姻里，有一个家叫"他们家"。借由婚姻，他将要努力走出来，我却须尽力走进去。

为家庭立界限,到底向谁而立

◆ 哼妈

我又想起了她。大半年前,她跟我诉说家中诸事不顺、乱象丛生。她认为,所有问题的根源,都是婆婆住在家里。

大概是因为我没能与她"同仇敌忾",末了,她甚至有些愤怒:"你说的这些,都是因为你没跟婆婆一起住过,你根本就不懂我们这种跟婆婆同住的人的痛苦!"

我一时语怔,便没再跟她聊下去。我没有告诉她,小哈2岁前的一半时间,我都是和婆婆同住的。

小哈刚出生的时候,哈爸也开始在家创业,且不说照顾小哈已让初为人母的我手忙脚乱,还有周身的家务,加上哈爸在家工作,正经准备三顿饭菜是免不了的,甚至哈爸有时忙不过来,我还需要去增援。

后来,我们向婆婆求助。

婆婆是很以帮助子辈为己任的。她二话没说,辞了工作就来了。买菜、做饭、洗衣、擦抹全被婆婆包揽，我顿时轻松许多。所以，我们至今都对婆婆当初的施以援手深怀感恩。

但有一件事，我们始终没有放手——小哈的教养。每天小哈的吃饭、睡觉、洗澡、陪伴，我和哈爸都亲力亲为——这是我们立的界限。

我们的界限，立在可能会让家庭陷入纷争的地方。

我们知道，于我们而言，烦琐的家务不会让我们与婆婆产生任何分歧，我们日后也不会因婆婆的抽身离开而在这方面陷入混乱。但育儿理念上的差异，却很可能造成家庭内伤（例如，我们会选择暂时搁置家务，陪孩子出去跑一跑，而老人很可能会先做家务，让孩子在家看电视）。于是，我们便划了一条清晰的分界线——孩子的事情，全部由我们自己来负责。

为什么是"全部"？因为人有趋于安逸的惰性，我们需要谨防陷入某种无法言明的陷阱。例如，我们想靠在沙发上嗑嗑瓜子、看看手机，而老人看起来也不太忙，那孩子洗澡、喂饭这类小事，就让老人来吧——教养的干涉，绝不只在管教孩子时老人护犊子的那一刻，而早在将洗澡、喂饭这些父母的琐碎之事拱手他人之时。

于老人而言，我们在操持孩子琐碎事务上的放弃，其实是在向他们传递"你行，你来"的信息；当面临管教孩子时，我们却又赤裸裸地拒绝他们，"你不行，我们来"——于情于理，这都逻辑不通。

所以，我和哈爸立的界限，如此清晰，以至于当我们管教小哈时，婆婆即使有异议，也会过后再与我们沟通。

至今，奶奶都是小哈特别亲近的人之一。我想他应该不太记得幼时和奶奶一起亲密玩闹的具体种种。但每当过年回家下车时，睡眼惺忪的他看到奶奶，伸手就要抱抱，我顿时无比感动，他是从来不会在刚睡醒时要任何其他人抱的呀——给孩子一个没有裂纹的亲情世界，竟是如此美好。

守住界限，便是守住家庭至关重要的欢乐和安宁。

∞ ∞ ∞

其实，婚后我们大概有5年时间都是和老人同住的。在我怀孕前，我妈妈一直和我们同住；在孩子出生后，婆婆和我妈妈都与我们同住过。

在我们婚后公公婆婆第一次来小住时，哈爸就向他们言明了家务分工：爸爸买菜，岳母和妈妈轮流做饭、洗衣服。其余的家务，都由我们自己来——这样既可以让老人有适度参与的价值感，也可以保留我们家庭"执政"的权力。

准确地说，我们一点也不怀疑自己能"懒"到何种地步，我们甚至能想象到那一天：我们瘫在沙发上一动也不想动，看着电视玩着手机，巴不得让老人操持这个家里所有的一切——我们担心有这么一天，自己放弃了对家庭的实际经营权。

所以，当婆婆拿起拖把时，我赶紧过去："妈，您是过来享福的,不是过来干活的。"

在开始和老人同住的日子里,我和哈爸有过很多相关的探讨——遇到问题,我们会分析是否真的是与老人同住的原因。我们不断自问:如果老人身体欠安,需要和我们同住,遇到矛盾时,我们该怎么办?分开住,是保持家庭界限的必要形式吗?我们也会提醒自己,帮助我们是老人的情分,而不是他们的义务,所以我们要心怀感恩。

真正的分开,不是身体的离开,而是思想和经济的分开;真正的界限,不在于那一堵墙,而在于我们的心。

CHAPTER 6

教育的本质，是父母的自我修行

自从有了孩子，我们肩上就多了一份教养他的责任。我们越来越发现：育儿先育己，我们教育孩子的过程，其实也是一个不断进行自我反省和更正的过程。父母在教育孩子的同时，也在不断地认识自己、完善自己、超越自己。

不要成为你最不愿成为的那个人

◆ 哼妈

我决意要写这篇文章,是缘于《父母平和 孩子快乐》中的一段话:

"几乎所有人在童年时都受过伤,如果没有治愈,这些创伤就会阻止我们以真正希望的方式养育孩子。如果童年时期你在某个方面受过创伤,你一定会发现自己在教育孩子时,在这方面感到痛苦,从而给孩子造成创伤……孩子具有某种神秘的力量,他们可以告诉我们创伤的位置,让我们回想起昔日的恐惧和愤怒。"

没错,小哈就具有这种神秘的力量。
自幼,我算是生活在情感富足的环境中:
父亲极度宠爱我这个幼女,无论身处如何不如意的境地,只要目光触及我,都能瞬间将自己转换成太阳,给我明媚和温暖。这种美好的父女关系,即使在他去世10多年后,在我进入婚姻与另一位异性相处时,依然让我受惠颇深。我深深地明白,我与哈爸的亲密无间,在很大程度上受益于我在幼年时与父亲相处中所获得的"营养"。

母亲是极喜爱文娱的,如今,当我给小哈一首接一首地哼唱从我母亲那里传承而来的歌曲时,哈爸会在一旁说:"我真的很感谢妈妈,让小哈也能有这么美好的童年。"

原生家庭的力量,就是这样不经由血液却沿着血液一代代传递着。显然,原生家庭的影响,不只有明媚与美好。

我的母亲于襁褓中丧母,她幼年、少年、青年时期的所有故事,都是以长年在外的父亲、劳苦的继母和众多同父异母的弟妹作为背景的——我从来没有认真研究过,这对我会有什么特别的含义。

直到有一天,小哈以他各样的探索宣告他正式步入"可怕的2岁",而我又很快被他点燃的时候,我突然觉得这一切莫名其妙地似曾相识。我静下来,想要弄明白这中间到底发生了什么。

好在,我最终找到了。没错,就是我在幼年时感受到的来自我母亲的严苛。

4岁时,我在拼音上犯相同的错误,就会被"揪眼睑";7岁时,我不会做除法题,因为害怕母亲责备,而将练习册上的所有除号都改为乘号;少年时,母亲不断告诉我"女孩当自立自强"……就是类似这样细碎的严格,于敏感的我来说几近苛责。我就这样在人生之初就成了乖乖女,胆怯、听话、谨小慎微。

我突然明白,我的所有行为模式大概都来源于幼年时养成的独立、乖巧和谨小慎微。看来,"历史"正沿着血液的脉络,向我的孩子延伸。

当我不满小哈时,我分明看到那个当年对我不满的母亲。于是,我立刻知道,我应该学会等待,等待小哈慢慢长大、慢慢懂事。我不要催他,我不要让自己成为那个严苛的母亲,我不要!

这真不是一件简单的事情。我的身体里似乎被安装了某个按钮,总会不自觉地被按下去。所以,在我拆除这个按钮前,我得时刻警惕自己。

当很多妈妈向我倾诉她们无法管住自己向孩子发怒时,我就想起我的这个"按钮",我便理解了她们的无助——原生家庭的某些不那么明媚的方面,就如同一粒沙,硌硬着我们的整个人生,它常常使得我们最终成为自己最不愿成为的那个人。

我决定先和我的原生家庭握手言和,我愿意那一粒沙,在与我的身体痛苦地磨合后,最终变成一颗珍珠。然后,我要不断努力,让自己不要成为我最不愿成为的那个人,虽然很难。只因为,从孩子的角度看过来,我们就是他的原生家庭,所以我们愿意用愈挫愈勇的努力,使那些沿着我们的血液代代传承的"历史",从此被改写。

或许,这便是一个母亲的"史诗"。

超越原生家庭

◆ 哈爸

» 父母皆祸害？

2013年年底，豆瓣上出现了一个非常火爆的小组："父母皆祸害"，参与者众多。

许多知名心理学家也非常推崇原生家庭的理论，例如，黄维仁博士就在《亲在人生路上：原生家庭三堂课》一书里说：

"原生家庭对一个人的人格与亲密关系的影响是深远而不易察觉的。婚姻，乃至一般人际关系中的很多死结，大都跟一个人的原生家庭有关系。婚姻关系跟亲子关系极为相似，严重的婚姻问题常常源自原生家庭。"

类似童年、亲子关系会影响甚至决定一个人的人格、命运和亲密关系的话语，在心理学家的著作中不断地被提及，也出现在身心灵作家张德芬的文字当中。

就这样，原生家庭的概念，好像突然之间就被大众接受了。

大家之所以普遍认为是原生家庭的问题，一方面是因为现在有一套理论体系可以供我们追溯和解释；另一方面是因为原生家庭确实会对人的思想和性格的形成产生深远影响。

» 人出生时是一张白纸吗？

原生家庭理论认为，如果一个人现在有什么问题，那大都是原生家庭导致的，是由童年的经历决定的，正所谓"3岁看大，7岁看老"。

这个理论要站得住，需要一个前提：人在出生时是一张白纸。也就是说，只有人在出生时是一张白纸，原生家庭的理论才有可能成立。然而，就算人出生时是一张白纸，出生后对人施加影响的，也不只是原生家庭。因为影响一个人成长的因素实在是太多了，你还可以说你成长的环境有问题，你的老师有问题，甚至整个国家、整个世界都有问题。

所以，如果人在出生时是一张白纸，那出现了问题不仅要"怪罪"原生家庭，还要"怪罪"整个世界。

事实上，10多年前的我活得非常辛苦，当时的心态就是：整个世界都欠我的。现在，更多人开始"怪罪"原生家庭，因为原生家庭比世界更具体。

但是，如果人在出生时不是一张白纸呢？那么原生家庭理论就站不住脚了。

我们可以举个例子，有两瓶看起来很清澈的水，一个叫"原生家庭"的角色走过去，使劲摇两瓶水，摇完后，一瓶仍然是清澈的，一瓶变得非常浑浊。

水依旧清澈，说明人性本善；水变得浑浊，说明人性本恶，只是在没有被摇晃时显得清澈而已。

我认为，无论人性本善，还是人性本恶，那个叫"原生家庭"的角色都无须承担那么大的责任。如果人性本善，那么无论"原生家庭"怎么摇晃，你还是清澈的；如果人性本恶，那么"原生家庭"只是让你认识到了自己的恶，不然你还以为自己是清水一瓶呢。

人在出生时其实并不是一张白纸，人性中有天使（善、神性）的一面，也有魔鬼（恶、罪性）的一面。

» 千万不要抱有受害者心态

如果我们仅仅止步于原生家庭，我们就会出现很多问题。例如，怪罪父母，因为"父母皆祸害"；再如，产生育儿焦虑，因为"你就是孩子的原生家庭"……

这是一种负面、消极的对待问题的态度。就算你把所有问题都怪罪到原生家庭上，又能怎样呢？你找到原因之后，就可以解决问题吗？无论你怪罪父母，还是跟父母和解，都无法解决问题。

例如，我老家一个亲戚的孩子，已经30多岁了，同龄人早就独当一面，甚至开始承担起赡养父母的责任了，可他似乎永远长不大，无论遇到什么事情都去找妈妈，而且动不动就对父母说，"都是因为我小时候你们没管我，所以我现在才会这样"。

原生家庭确实会对人产生深远的影响，但是我们需要积极地去改善，不要让自己陷入受害者心态而不能自拔。

只是消极地怪罪原生家庭，会不断加深自己的受害者心态，使我们觉得整个世界都欠我们的。

长此以往，还可能会导致我们跟父母更加不和。虽然我们也知道，他们其实尽力了，但是我们还是会觉得，"如果爸爸妈妈当时再努力一些，我可能就不是现在这样了"。更重要的是，有可能导致我们对自己认识的缺失。在遇见问题的时候，不是内省，而是推卸责任，从而形成习惯性抱怨，长久下去会使整个人都变得更加肤浅。

我们既然已经是成年人了，就要多从自己身上找原因，做出选择和改变，而不是陷入消极情绪里不肯走出来。只有正确认识、反省、改变自己，才能从根本上解决问题。

» 与其回望童年，不如奋力超越

我前面也讲过一些自己原生家庭的情况，如小时候我的父母经常吵架。既然原生家庭给我带来这样的伤痛，我就把这份伤痛当作成长的一个教训，理解自己为什么成为现在的自己，然后努力成就更好的自己。其实,给我们造成伤害的不仅是原生家庭,还有周遭的环境。

我们需要明确的是,环境对人的性格确实有一定的影响,但并不能决定我们最终成长为什么样的人。

我曾经看过这样一个故事:在一个家庭里,父亲嗜酒又好赌,他有一对双胞胎儿子。多年后,哥哥变成了跟父亲一样的人,还因为抢劫而进了监狱;而弟弟却成了一个银行家,事业成功、家庭美满。后来就有记者访问他们,想探究到底是什么原因导致兄弟二人走上了如此迥异的人生道路。有趣的是,兄弟俩说了同样一句话:"谁让我有一个这样的父亲?"

人生不如意事十之八九,对于同一件事情,我们可以有不同的选择。作为一个有智慧的成年人,我们应该学会把困境当作人生的礼物和功课,把苦难变成滋养我们成长的沃土。

有些人承受的苦难越多,成就也就越高。例如,尼克·胡哲生下来就没有四肢,却用自己的乐观和坚强,将生活经营得多姿多彩。

当然,我并不是说原生家庭对人的影响不大。我只是说,我们与其回望童年,追溯原生家庭,不如"忘记背后,努力向前,向着标杆直跑"。

放开你的孩子

◆ 哼妈

» 你不是孩子生命的主宰

纪伯伦在一首诗中写道:

你的孩子,其实不是你的孩子,
他们是生命对于自身渴望而诞生的孩子。
他们通过你来到这世界,却非因你而来,
他们在你身边,却并不属于你。
你可以给予他们的是你的爱,却不是你的想法,
因为他们自己有自己的思想。
你可以庇护的是他们的身体,却不是他们的灵魂,
因为他们的灵魂属于明天,属于你做梦也无法达到的明天。

我常常会反省：今天，我有没有以对待一位未来的弟兄、丈夫的方式来对待小哈？我有没有使用命令的口吻？我有没有以威胁迫其顺服？我有没有足够尊重这个终将成为"男人"的男孩？

对于孩子，一方面要引导他、管教他；另一方面要爱他、尊重他。这真是一门精巧的艺术。

记得在大连的一个活动现场，我遇到了这样一位双胞胎母亲：谈及孩子，她语速很快，音量较高，言辞也很笃定，然而，我却莫名地感到她的焦虑与脆弱。

她说，从孩子学说话开始，她就注意培养他们讲外语；她说，她的小孩从来只看外文动画片，现在两个小朋友用英文交流完全没有问题；她还说，想让孩子们从小开始学习葡萄牙语、荷兰语，以及其他小语种，却苦于找不到这些小语种的绘本……

她问我小哈在读什么，我说小哈没有专门学过任何一种外语。她当时差点跳起来："你不知道孩子现在正处于语言发展敏感期吗？你赶紧去读一下孙瑞敏的《捕捉孩子的敏感期》，千万别错过孩子的敏感期……"

我想对她说些什么，但最后却步了，因为她是如此的紧张，紧张到让我担心措辞不慎就会伤害到她：她绷得如此紧，唯恐自己的孩子不能成为最好的孩子。我只好期望她的孩子真能长成她所希望的样子，否则，无论对这位母亲来说，还是对那两个孩子来说，都将是灾难。

» 给孩子留白的空间

3岁，小哈穿上了轮滑鞋，在最开始的10多分钟里，我全身冒汗地左搀右扶，小哈很沮丧，因为他始终没办法让自己平衡。突然，我决定"卸下"双手的所有力量，小哈开始自己感受平衡的奥秘，只在将倒之时才主动抓住我。1个多小时后，小哈便能在广场上边滑边做拾捡动作了。

4岁，小哈卸掉了自行车两边的辅助轮，在旁边爷爷奶奶的一片"危险""慢点"的惊呼声中，满广场探索各种炫酷的骑术，站立骑行、侧身急转弯、过水坑。突然，小哈"啪"的一声，连人带车摔倒了，旁边的人们着急地想要过去扶，小哈拒绝了，坚持等到妈妈过来："妈妈，我刚才是这样摔的，你觉得怎么样？"接着，慢动作再"摔"一次。"宝宝自己觉得怎么样？""嗯，我觉得摔得还不错！"于是，小小的他再次跨上自行车，继续炫酷去了。

我炒菜的时候，小哈可以站在小椅子上专门负责倒酱油、醋和放盐；在外玩耍时，在不伤害别人的前提下，小哈可以玩土、玩木棍，可趴可刨；雨停了，小哈可以穿上雨靴肆意踩水……

小哈是被"粗养"的孩子，小哈不是个完美小孩。但小哈在自己与父母中间，有足够的空间，够他探索施展，自理自立，他不被紧紧包裹，也不被放纵宠溺。当然，我们也不是完美父母。

育儿先育己

◆ 哈爸

现在,很多人认为教育是一门科学。家长们可能会觉得:我把孩子送到学校接受系统的学习与管教,到时候自然就可以培养出一个好孩子。这难道不是科学吗?

不是的,教育不只有这些。教育是一门艺术,而不是科学。一幅画也好,一本小说也好,都是艺术家慢慢雕琢出来的,倾注了他们的心力、时间和才华。

教育也是如此,无论家庭教育还是学校教育,教育的本质都是对人的雕琢,需要言传身教和因材施教,就如同几千年前的孔子所做的那样。只不过,现在的教育理论更系统、更科学、更专业。因此,从事这个行业的教育者,首先需要对人有一定的了解,不仅仅是对孩子的了解,更重要的是对自己的了解。

我看过很多育儿书,但我并不会直接拿这些东西来教育我的小孩,我会先用它们来教育自己。通过育儿,我对自己的认识也越来越清楚——原来我是这样慢慢成长起来的。所以说，教育孩子的过程，也是一个不断自我反省和新生的过程。

有时候，我们会发现孩子身上的一些缺点，里面的原因常常很复杂，你无法单纯地把它归结为是孩子自己的问题，还是妈妈的问题，或者是原生家庭的问题。例如，一个孩子做事拖延，你不能简单说这是因为他的妈妈做事拖延，他的妈妈也有可能做事太干练。

我们可以来假设一下，导致孩子拖延的诸多可能：

第一种可能，他对正在做的这件事毫无兴趣，甚至感觉很糟糕。

第二种可能，他预估到做这件事情可能会带来的后果。例如，妈妈让他去洗脸，他以前可能自己洗不干净，或者把水溅得到处都是，或者曾经一不小心打碎过杯子，而妈妈看见这种情况只会责备他，久而久之，他就会很抗拒洗脸这件事。

第三种可能，他以前偶尔拖延，妈妈等不及就会自己把这件事做了，或者家里存在隔代教养问题，爷爷奶奶会帮他做。

第四种可能，他产生了叛逆心理，想挑战家长的权威——"你要我这样做，我偏偏不听，我想用这种方式试探你的底线在哪里……"

人的丰富性正在于此，我们需要全面分析导致孩子出现这个问题的诸多原因，然后针对这些原因，一方面引导孩子，一方面反省自己，这样才能从根本上帮助孩子解决问题。

孩子的每一个坏习惯背后,都有一个我们没有看到的需求。所以,我们不能一味地去逼迫孩子改正自己的坏习惯,这样孩子反而会有抵触心理。但我们可以陪伴和看见孩子的需求,并用言传身教的方式去影响他。

例如,如果我希望小哈改掉一个坏习惯,那么我会用自己戒烟这件事去影响他:"爸爸知道改掉坏习惯很痛苦,但我们需要承受这种成长的代价。"正因为我有这样的成长经历,所以我可以用一种他能够理解的方式去说服他,帮助小哈改掉坏习惯。

我希望改掉小哈坏习惯,其实就跟哼妈希望我戒烟一样,道理都是相通的。通过这件事情,我也理解了哼妈当初的心路历程。

教育的本质,是父母的自我修行。我们对自己的觉察有多深,我们就会有多谦卑。从某种意义上说,"育儿先育己"——我们在陪伴孩子长大的过程中,自己也经历了一次成长。

如果你还记得
自己也曾经是个孩子

◆ 哼妈

小哈也磨蹭——从客厅走到洗手间去刷牙，似乎需要一个世纪那么长；小哈也不磨蹭——一说要下楼玩耍，早早就自己穿戴整齐，把所有玩具装进书包并背好书包，整装待发如同一个训练有素的小士兵。

你看，并不是孩子磨蹭，而是大人不懂孩子的磨蹭。从客厅走到洗手间的途中，孩子会遇见自己心爱的积木，会哀伤早上才摘的花怎么现在就蔫了，家里的小猫会在他的脚边可爱地打个滚儿……在大人眼里短短的一段路，在孩子眼里却如同赤道那么长。大人觉得刷牙很重要，可孩子觉得刷牙远不如他的积木、他的花、他的小猫重要。

对孩子来说，大人觉得重要的事情，往往都很无趣；对孩子来说，有趣比重要，要重要得多。而且，大人总是不知道如何让重要的事情变得有趣，比如刷牙。

✂ ✂ ✂

大人知道什么是磨蹭，是因为大人懂得一种叫作"时间"的东西。

但孩子呢？

作为一个孩子，我还没有"时间"的概念。

你们不教我，我怎么会懂呢？

"快点快点"只是在催促我，不是在教育我。

✂ ✂ ✂

孩子的魔幻陀螺正在进行白热化"对战"，大人却要求他坐上餐椅吃饭，而且是立刻、马上。

这是一场魔幻陀螺的对战，在孩子小小的脑袋里，这是一个有因、有果、有情节的战争故事——它需要一个负责任的结局。

大人一定是忘了，当你们正在看连续剧或综艺节目时，当你们正在看球赛或电影时，孩子让你们放下手机有多难。

✂ ✂ ✂

为什么一定是孩子在磨蹭？为什么不是大人不懂等待呢？

大人一定不知道，每一个孩子都有自己的"花期"。大人也一定不愿意知道，即使我绽放了，也可能只是平凡的花一朵。

　　让大人接受平庸的孩子，很难吗？

　　为什么大人接受平凡的自己，却很容易？

　　大人一定一出生就是大人。

　　否则，就是他们忘了自己也曾经是个孩子。

没有人文素养，
再多育儿知识也白搭

◆ 哈爸

有一次，我去青豆书坊拜访王媛老师，我们一直聊了三四个小时，其中有一个信息，我认为很值得分享。

王媛老师说，青豆书坊计划做更多培养父母人文素养一类的图书。我想，如果非要分类的话，这种书应该属于"人文社科书"。

在绘本童书及家教书方面，青豆书坊已经有了不少经典之作，如大众熟知的"如何说"系列。在我们聊天结束时，青豆书坊的总编苏元老师刚刚从中国教育报领奖回来，在2016年"影响教师的100本书"TOP10中，青豆书坊的书就占据了两席，分别是《孩子是个哲学家》和《失控：孩子不听管教怎么办》。

家长真的需要看那么多家教书吗？王媛老师和苏元老师的观点一致：不需要！

太阳底下无新事。家教书，其实背后的教育理念都是比较古老而经典的。王媛老师举例说，《平和式教养法》《父母平和 孩子快乐》等书的美国作者劳拉·马卡姆博士，就非常推崇孔孟之道。

我很认同王媛老师和苏元老师的观点——家教书不必看很多，只要读透几本经典的，教育自己的孩子就已经足够了。记得我当时还分享了自己的一个观点——育儿知识就好比是剑，人文素养是手。如果手不灵活，不会使用剑，那么不仅会让自己焦虑，还会让孩子受伤。

现在不少出版机构做绘本童书，做家教书，不是出于热爱，不是对读者好，而是因为很好卖。而社科书，或者说培养父母人文素养一类的书，应该不是那么好卖的。所以，我佩服青豆书坊做书的态度，她们真的是从读者角度出发，实实在在为读者去着想的，而不只是一味迎合市场。

家教书，读透几本经典的即可，有时间也可以稍微翻翻新书；而人文社科类的好书，却多多益善。因为，没有人文素养，再多育儿知识也白搭；还因为，育儿先育己，唯有如此，我们才可以成为更好的自己，乃至更好的父母。

逼着孩子成长的人，
往往忘了成长有多难

◆ 哼妈

朋友很着急。她的女儿才上一年级，老师就已经找她谈过几次了，大意是女儿在阅读理解上较同学落后很多，需要想方设法补上。

我就讲了一件我小时候的事情：

二年级的时候，一次考试，有个题目要求填空，"失败乃成功之母＿＿＿＿＿＿＿"。我百思不得其解，最后勇敢地填上了"成功乃失败之父"。天知道这道题是要我干什么——我不会读题啊！（如今猜测，大概是让用拼音拼写出这句话吧！）

当年的我，曾经有很长一段时间，莫名其妙地读不懂任何题目，所有的答题都靠猜。所以，我告诉这位朋友，孩子真的没那么难以理解，这种影响也并没有她想象中那么可怕。

因为，当年那个读不懂题目的我，后来成了专职的文字工作者。

再后来，学乘除法时，我再一次怎么都理解不了算除法时架起来的那个"厂"字形的除号，在我看来，那是一个难以理解的框。所有人似乎都知道，9在框里，3在框外时，框上要写个3，最后横线下就写0——可对于我来说，这简直是天方夜谭般的架构：为什么9一定要在框里？

虽然我为此受了许多教训，可是这并不影响我对数学的认知，我甚至最后凭着对数学的热爱，高考中数学考了130多分。

不要逼着孩子成长，因为你不知道，被逼的成长有多难。

我是一个男孩的母亲，这意味着什么？

这意味着，我需要面对——

男孩的心理发育滞后于同龄女孩。

男孩的语言表达能力会比同龄女孩弱。

在阅读方面，男孩会3倍困难于同龄女孩。到11岁时，男孩的口语能力、读写能力和计算能力的发育水平分别比同龄女孩晚11个月、12个月和6个月。

男孩的所有感觉器官（包括直觉）天生比女孩迟钝，所以男孩在遇事时，不能立即体会并表达自己的感受，往往在事情结束一段时间以后（有时甚至滞后一周），才能体会到自己当时的情感是什么。

由于体内的睾丸素的作用，男孩的耐久力较女孩差，注意力持续时间比女孩短，做事更容易毛躁，经常没听清指令就开始行动，因而会错过许多重要步骤。

男孩的细微动作协调能力差，手工是男孩的弱项，所以扣纽扣、系鞋带、拿剪刀这样的动作，他们总是显得笨拙。

男孩被赋予力量、勇气和活力，但如今的教育模式，显然更适合专注、自制力强的女孩……

这些都意味着，在这个男孩的成长道路上，我将如何小心谨慎，因为我的脚侧布满了陷阱——很可能有一天，我因他"乱发脾气"而施行管教，而于这个小男孩而言，是母亲没有在他学习表达上施以援手，没有接纳他语言表达上的弱项，反而僵硬地用责罚催逼他自寻出路。

那些逼着孩子成长的人，往往忘了成长有多难——想想自己长大时的路，回望那个还没有长大的自己，或许再次面对孩子时，你会理解孩子很多。

不吼不叫，从容淡定做父母

◆ 哈爸

我发现，我们父母那辈人，虽然物质条件不如现在，但他们做父母，显然要比我们从容淡定得多。

时代真的变了，各类资讯也异常发达。现在有毒奶粉、地沟油、人贩子……很多对孩子不好的信息都传到我们面前，让我们心生焦虑。

然而，即便如此，我想父母也是可以更从容淡定一些的。

我们都知道，孩子出生后的几个月内是不会走路的。因此，我们不会焦虑，为什么孩子都几个月了还不会走路。还记得吗？当他迈出人生的第一步时，我们是何等欣喜！

然而，不知从什么时候开始，我们的这种欣喜慢慢减少了，取而代之的是对孩子的不满和担忧，以及对他们未来人生的各种焦虑。

为人父母，是需要谦卑的。我们谁都无法改变一个人的成长规律和进度，拔苗助长是无益的。正如知道万有引力，我们就不会挑战它，非要从高楼上往下跳。

我们也知道，一个人的成长需要面对各种各样的环境和因素，我们所能把控的，实在是少之又少，我们甚至无法改变孩子的内心。然而很多时候，我们依然以为了孩子好的名义，想要把控所有的因素，但实际上又无法做到，于是便开始焦虑。

父母要从容、要平衡，这是俞敏洪老师在多个场合不厌其烦重申的一个观点。

简·尼尔森博士在《正面管教》一书中，提倡父母要有"和善而坚定"的态度；劳拉·马卡姆博士在《父母平和 孩子快乐》一书中，也提倡父母停止对孩子大吼大叫。

我相信，很多父母都知道应该心平气和地育儿。但为什么我们还是会对孩子大吼大叫呢？为什么我们还是会对孩子摆脸色呢？为什么我们还是喜欢威胁孩子呢……

原因当然有很多，例如，孩子实在太磨人了；孩子实在太不听话了；自己实在太累了；自己的耐心不够；自己的爱心不够；自己不知道如何对孩子进行正面管教等。

但我认为，还有一个更为本质的原因，那就是有效。很多父母发现，只有当我们冲孩子摆脸色、发脾气、大声吼叫时，他们才会按照我们的意愿去做，这个是屡试不爽的。

没有父母一开始就喜欢冲孩子发脾气——最初，我们总是充满爱意、和颜悦色的，但孩子根本不听；然后，我们想出更多的办法，孩子还是不听；最后，我们使出撒手锏——吼他。哈！这回孩子终于听了。于是，我们开始慢慢形成习惯，想要让孩子听话，就得使用撒手锏。

其实，父母对孩子发脾气、摆脸色之所以有效，是因为孩子还小，很爱自己的父母。也就是说，孩子是因为不敢得罪父母，或者想让父母高兴，才会马上听话的。

我就是在我妈妈的脸色下成长起来的。我小时候确实不够体贴妈妈，妈妈要我做什么事，我都不愿意马上去做。妈妈很忙，要带3个孩子，要做各种家务，好像根本没有时间和心情来跟我们"和善而坚定"地说话。反正到了后来，如果妈妈要我做什么事，我没有第一时间答应，妈妈的脸色立马就会晴转多云，于是我就只好很害怕、很不情愿地去做。

我认为，这种有效就是我们明知不好而为之的根本原因。但正如《正面管教》一书所说，这种有效是短期的，从长期来看，它甚至是非常有害的。孩子之所以听我们的，不是因为他们觉得那件事是对的，也不是因为他们认为那件事是他们的责任，而只是因为他们不想得罪我们或者想讨好我们。

等到孩子大了，我们就会说："孩子翅膀硬了，不会再听我们的了。"孩子到了这个阶段，已经不怕得罪我们了，更不想讨好我们了。

更重要的是，孩子会有一个不快乐的童年——他们对什么事情才是对的，什么事情才是他们应该负责的没有任何判断，也没有任何主动执行的经历。

父母对孩子大吼大叫，虽然短期有效，却不利于孩子的成长。戒了吧，就像戒烟一样，把对孩子的大吼大叫给戒了吧！

我们所能做的，只是尽心尽力承担起自己为人父母的责任。至于孩子的未来，并不掌控在我们手里。若能如此，我们就能问心无愧地做一个不吼不叫、从容淡定的父母。

孩子的情绪管理,其实在父母

◆ 哼妈

我曾经听过一个老故事,是一位在医学领域有过重要发现和突破的科学家谈及的自己幼年时的一件"小事"。

记得小时候,有一次我想从冰箱里拿一瓶牛奶,可是瓶子太滑了,我没抓牢,瓶子掉在了地上,牛奶溅得满地都是,简直就是牛奶的海洋!我的母亲看见了,但她并没有对我大叫大嚷,也没有惩罚我,她只是说:"哇!罗伯特,你制造的麻烦可真是棒极了!我还从来没有见过这么大一汪牛奶呢!哎,反正奶瓶已经摔碎了,那在我们把它打扫干净之前,你想不想在牛奶中玩几分钟呢?"

我听母亲这样说,简直高兴极了,立刻就在牛奶中玩起来。几分钟后,母亲又对我说:"罗伯特,你要知道，之后，你必须把它打扫干净，并且要把每件东西按原样放好。那么你打算怎么收拾呢？我们可以用海绵、毛巾或拖把来打扫。你想用哪一种呢？"

我选择了海绵，我和妈妈一起把那满地的牛奶打扫干净了。

这还没完，等我们打扫完之后，母亲说："罗伯特，刚才你用你的两只小手拿起大牛奶瓶子的试验已经失败了，现在我们到后院去，把瓶子装满水，看看你有没有办法把它拿起来而不让它掉下去。"

我很快就发现，只要用双手抓住顶部、靠近瓶嘴的地方，瓶子就不会从我的手里滑掉了！

从那以后，我知道我不必再害怕犯任何错误了。因为错误往往是学习新知识的良机。科学实验也是这样的，即使实验失败了，我还是可以从中学到很多东西。

这就是科学家罗伯特的故事——别人的故事就这样直直地照进了自己的生活。

我之所以要一再"咀嚼"这个故事，是为提醒自己，当孩子打翻牛奶时，当孩子弄脏墙面时，或者在每一个火上浇油的时刻，孩子或许错了，但对父母的真正考验却是——"我能不能让这件事转变为'正确'"？

如果，我只是用怒气来对待他的错误，我又对在了哪里？如果，我只是用惩罚来制止他的再犯，我的智慧又做何用？

所以，我提醒自己，作为一位妈妈，在孩子的每一个"当下"，都不要肆意妄为，如果不时刻警醒，而让自己的情绪在孩子的疆场为所欲为，那么，我们到底是在用什么样的营养滋养孩子的生命？用怎样的身教传递给孩子榜样的力量？

写到这里，我突然想起那个从东北来看望我们的妈妈，她谈起她11岁的女儿，在描述了女儿的许多优点后，她的脸上突现忧色，她说："有时候，我看到女儿颐指气使的姿态与表情，那活脱脱就是另一个自己，那种感觉真让我心惊！"

如果我们不先成为更好的我们，却试图让孩子成为更好的孩子，那于孩子而言，"非不为也，实不能也"——父母本身就像时刻立在路边的路标，指引着他们将通往的方向。

CHAPTER 7

遇见孩子，
遇见更好的自己

初为人母时，难免手忙脚乱。在走过了各种弯路之后，我终于知道什么对孩子来说才是最好的。我渐渐学会遵从一个母亲的本心，给孩子真正需要的关爱和呵护。遇见孩子，让我有机会陪他一起成长，并遇见更好的自己。

初为人母的那一条弯路

◆ 哼妈

小哈昨晚尿了3次床,从他的小床一直"蔓延"到了我们的大床。我知道是因为他晚餐吃了很多番茄,晚餐后又喝了很多水,番茄是利尿的——我快速地换下床单,哄他睡下。

3年了。我回想起3年前,自己如何懵懂,又多么勤奋,感慨颇多,也收获颇多。

从怀孕开始,我就开始自学如何为人母,看了很多书,聆听了多方教诲;从腹部渐隆,我就开始认识自己身体的变化缘由,了解腹内胎儿生长的状态。

为了迎接生产的那一刻,我几乎背下顺产的所有细节和程序,包括呼吸方法。可是,最后却被推上了手术台——过了预产期半个月,打了两天催产针,孩子仍丝毫没有要出生的迹象。

我就这样带着对剖宫产的一无所知躺到了手术台上——连孩子到来的方式都不在我的掌握中,更何况日后?我被上了一课。

从小哈躺到我身边，吮吸我的第一口乳汁开始，实际上，我也踏上了初为人母的第一条弯路。

我说过，我算勤奋，看看我家与日俱增的育儿书就知道了。我看了许多关于新生儿喂养的书，也向其他妈妈讨教了各种喂养方式，泥沙俱下，我大浪淘沙，选定了一种叫"按时喂养"的喂养方式——在固定间隔时间给孩子喂奶，即使孩子在沉睡，也要叫醒喂养。无论书籍还是其他妈妈的实践，都反馈这种方式既能让大人得到休息，也能使孩子养成良好的习惯，喂养成果也大多是孩子胖嘟嘟的。

然而，不到两天，小哈的哭声便如同当头一棒，打蒙了我。小哈不接受这种方式，他不喜欢被无故弄醒，他有自己饥饿的时间，他用持续的哭泣抗议我给他的"最好的喂养方式"——没错，一出生就8斤3两、出院医嘱上标注的"巨大儿"小哈，饿得比其他孩子快，而我的母乳量也还处于和他的磨合期内。

我不得不调整，从按时喂养跳到了按需喂养，我想我该好好研究自己的孩子，而不只是看书本，或者学习他人经验——我是在教养孩子，而不是在践行教条。

所以，虽然有一些书本和一些声音支持"婴儿要少抱"，可当我看着小哈在我怀里安眠时，我便决定抛开这些知识，凭着我做母亲的本能，选择了多多地抱小哈——一个人渴望被拥抱，会有什么错？如果他需要将拥抱作为爱他的方式，我为什么不能给？怕他黏大人？难道我希望他成为冷漠孤僻的孩子？这样的独立自主,我认为不是应该从婴儿时期开始培养的。

我依旧会看一些育儿书,依旧会聆听一些意见,依旧会勤奋地"百度",但是这些都"仅供参考"。我更加依赖的是我对小哈的细致了解、我母爱的本能和仰望交托。

断奶,是一个挑战。几乎所有人都告诉我一个事实:断奶是一件大事。有建议我将孩子送到老人处断奶的,有建议我独自外出旅游断奶的,当然大都有成功的案例。

我没有接受——如果断奶对孩子来说如此痛苦,那为什么还要让他承受离母之痛?为什么在他遇到生命中第一道坎的时候,我却不与他共进退?

断奶是有一些很明确的时间点的,可我固执己见——我断奶的唯一依据是,喂奶对小哈的成长呈现不利迹象,只有这样我才会选择断奶。

4个月,小哈开始尝试辅食,6个月,辅食增加,母乳继续——我查到的资料让我认识到:6个月以后的母乳不是没有营养的,而是单靠母乳已经不能满足日益成长的孩子的需要了。

1岁,小哈白天正常吃饭,只有早晚和夜间喝母乳。

1岁半,我发现,夜间嗜乳让小哈睡不好。有一天,他站在我面前,我问他:"宝宝,以后晚上不喝妈妈的奶了,好不好?"都没让我给他理由,小哈就点点头同意了。那天晚上,他就没再吃奶——没有挣扎,没有纠结,就这么发生了。

1岁8个月,小哈越来越早地醒来,甚至凌晨三四点就会醒,吃完奶再睡。我觉得吃奶影响他的睡眠了。于是再次和他商量，同样，他也没让我给理由，点头同意了。就在那一刻，小哈彻底断奶了。连反复都没有。

断奶，与其说是大人的事，不如说是他自己的事，于小哈而言，不过是一件他自己决定的、极其普通的事。

从喂奶到断奶，我绕了一些弯路，好在没绕得太远。

今天，我将小哈断奶这件都算不上事儿的"事件"写出来，并不是给在断奶路上摸索的妈妈们提供一种方法——不，绝不是！适合小哈的，不一定适合其他孩子。

孩子的一生，有无数次的"断奶"，这第一次，只是为了让我们探索那条最适合自己孩子的"断奶之路"。

这世上，有真理适用万人，而育儿技巧，教子"小学"，却因人而异。

为人父母的道路，本就是一条盘桓着许多教训的弯道，踏上这条路，注定会有遗憾、反思，以及无以言说的愧疚。于是，经由这些弯道，我们勤勉精进，我们克服己身，为了不负我们被放置在弯道上的美意，我们最终成长为那个更好的父母，去收获孩子这份天赐的"产业"。

现在的我感谢所走过的每一道弯路，促我成长，更让我见识恩典！

和孩子分房睡,其实并不难

◆ 哈爸

早上大概7点,我和哼妈还在睡觉,小哈来到我们房间。

哼妈问:"小哈,睡得怎么样?"

"妈妈,我差点把你忘了。"小哈说,"我睡得好香啊!"

这话让我们感到欣慰。这是小哈分房睡的第二个晚上。

早在两三个月前,哼妈就开始为小哈的分房睡埋"伏笔"。那时,她给小哈讲贝贝熊里的一个故事。贝贝熊有很多本,哼妈都忘了当时讲的是哪一本。

那并不是一本专门讲分床睡、分房睡的书,只不过里面刚好有一页,提到4岁的小熊妹妹回自己的房间睡。哼妈就在这一页停留了一会儿，因为小哈也快4岁了。

两三个月后，哼妈才问小哈，"要不要像小熊妹妹那样，有自己的房间，自己睡？"

"要啊！"小哈很开心地说。

那天晚上，到了睡觉时间，我陪小哈刷牙洗脸，给他讲完故事后，小哈就说，他有一点害怕。

然后，我就允许他在床上玩一会儿，这在原来是禁止的。他的床头有积木，他给我搭了飞机，又搭了车，然后又搭不同的飞机……

他想玩，他不想睡觉，他害怕。

我说："再玩5分钟。"小哈说："好的。"

5分钟过去了，小哈还是不睡。哼妈就躺在小哈的小床上，和小哈聊天，我坐在客厅看书。

大概一个多小时后，哼妈从小哈的房间里出来，小声对我说："小哈睡了！"然后，她也回房睡了，我还在继续看书。

晚上11点多，小哈自己起床尿尿，他平时都需要我们督促才会半夜起床尿尿。尿完之后，小哈看见我，带点哭腔说："爸爸，我想妈妈，我想和妈妈睡。"

我抱起他，把他送回自己的小床，我也没有说什么，他也没说什么，就继续睡。

后半夜，小哈哭着来我们房间，哼妈"狠心"地带小哈回他的小房间睡。清晨时，小哈比以往起得早，哼妈就让小哈睡在我们床上，不过一会儿，我们大家就都起床了。

起床后，我们给了小哈诸多鼓励，夸他勇敢，小哈很开心。哼妈送他到幼儿园后，也当着小哈的面对老师说，小哈昨晚是自己一个人睡的。老师也鼓励小哈，小哈很开心。

然后，哼妈悄悄对老师说："小哈昨晚睡得不是很好，恐怕白天精神不会很好，会瞌睡。"老师会意一笑。

晚上我回家很晚，回去之后，发现哼妈刚刚哄小哈入睡，正要离开小哈的房间。而傍晚时，小哈和哼妈演了一场"戏"，因为小哈不太愿意自己睡，有点难过。哼妈也说自己难过。两个人就哭，之后两个人又一起笑。

这一夜，小哈睡得很好，没有来我们房间找我们。早上起来，还对我们说："我睡得好香啊！"

看来，和孩子分房睡，其实并不难。分房睡是亲子分离的一个重要的环节，也是培养孩子独立性的第一步。但是，父母也要尊重孩子个人的成长节奏，根据孩子的心智发育和接受程度而循序渐进地引导，千万不要强迫孩子。

真正的爱，是没有条件的

◆ 哼妈

孩子已经沉沉午睡，看着孩子微微颤动的睫毛，她心里很是懊恼，还有深深的忏悔。她知道自己不该这样，但每次都控制不住，如此已经很多次了——无法控制的发怒，事后难以遏制的自责。

过去的一两个小时，孩子不断地制造各种"麻烦"：先是用蜡笔在沙发上作画；然后兀自去洗手间给水枪装水，装的是拖把桶里的脏水不说，还把整个袖子和前襟都弄湿了；最后，因为想爬上椅子看妈妈刚端上桌的饭菜，结果连盘子带菜全翻到了地上。

她终于歇斯底里了："你这么不听话，我不要你了，把你丢出去！"

火车窗外渐渐暗下来。小哈和刚刚结识的小姐姐玩得正欢。

小姑娘有"女汉子"的爽朗，大大咧咧的，是我喜欢的那种不矫情也不娇气的小女孩。

但旁边的妈妈却不放心，不时在小姑娘耳边提醒："轻点，别撞到小弟弟！慢点，压到小弟弟怎么办？我跟你说了，别推……"

我赶紧对她说："没关系的，我家孩子磕着碰着常有的。让他们玩吧，不然孩子压力大，以后都不愿和比她小的孩子玩了。"

年轻妈妈放松了一阵，但很快还是放心不下地开始不断提醒。

看得出，小姑娘渐渐滋生了逆反心理，开始不断挑衅妈妈的底线——小哈跑过去时故意伸一脚但很快收回去，或者莫名地推小哈一掌。

她终于激怒了母亲："要是这么不听话，待会儿下车我就不要你了，看你怎么办！"

我顿时有些无措，只好借口离开，哪怕小哈这一路再没有小伙伴。

∞ ∞ ∞

课后，午餐时间。不爱吃菜只爱吃米饭的牛牛，草草吃了几口便忙着做各种动作，在一旁的老师已经提醒好几次了。他喜欢吃炒蛋，老师拿来，可没吃几口他又玩起来了——今天实在是有很多比吃饭更吸引他的事情。

大家陆续吃完了，牛牛的饭还是没动多少。

老师说:"牛牛,你再不好好吃饭,老师就不喜欢你了。"

小哈望着老师,没动,牛牛也望着老师,但又嬉笑开了——这不是第一次听说,他大概不稀罕这种"喜欢"了吧。

有一句话叫"在爱里没有惧怕",我将之作为我想要小哈感受到的爱的样式。爱从来都不是我们胁迫孩子顺服的筹码,也不是他犯错后应当承受的后果——这是他不可承受之重。

3岁的小哈有男孩子该有的所有特性,除了睡觉就是永不停歇的各种动——体力的和脑力的;他也有这个年龄的孩子所共有的叛逆,所以,他不断地制造着各种"麻烦",也不断地试图突破规矩的限制。可想而知,他得为自己的成长承担多少后果——是的,小哈犯错,会受到管教,也需承担后果,这是我们爱他的方式之一。但是,请千万不要用爱本身作为处罚的手段。

因为,真正的爱,是没有条件的。

我要不断地努力和警醒,给我的孩子无条件的爱。

无条件的爱,是为让我的孩子知道,即使他状况百出,即使他每日都在受着各样管教,他也是被完全接纳的,永远不会被撇弃或者放弃。这样,他才能因接纳自己而拥有真正的自信和勇敢。

无条件的爱,是为让我的孩子明白,无论周遭环境如何,无论自身境况怎样,他都清楚屈服与顺服的差别。于是,他能有充分的内心自由。

无条件的爱,是为让我的孩子发现,日后他遇到各样的诱惑与试探,比如网络或者其他,他都有返身回家的力量。因为,他有可以完全信赖与倚靠的对象。

无条件的爱,更是为让我的孩子看到,信仰的样式——这是我和他的父亲,能给他的最好的礼物。

∞ ∞ ∞

其实,在小哈1岁多时,我便给他不断讲一个自编的故事,故事是这样的——

宝贝——

妈妈爱你

你好好吃饭,妈妈爱你

你不好好吃饭,妈妈也爱你

你端着水杯,妈妈爱你

你打翻了水杯,妈妈也爱你

你把垃圾丢进垃圾桶,妈妈爱你

你把垃圾丢到地上,妈妈也爱你

你安静,妈妈爱你

你吵闹,妈妈也爱你

你温柔,妈妈爱你

你发脾气,妈妈也爱你

宝贝——

你乖乖,妈妈爱你

你不乖,妈妈也爱你

每次,他都那么安静地听完这个故事,然后,灿烂地笑起来,直到现在仍是这样。

父母之爱，是分别之爱

◆ 哈爸

我看绘本《罗力小恐龙：我和老爸》，喜欢得不行。除了呆萌可爱的形象，我更是从中看到了我和我的孩子：我和小罗力的老爸一样，"很会陪他玩""很喜欢看书""偶尔也需要一点安静独处的时间"；小哈也和小罗力一样，喜欢冒险探索。哪个孩子不喜欢呢？

不仅如此，这个绘本还让我想起一段刻骨铭心的经历。那时小哈即将满3周岁，几乎每个知道小哈年龄的亲友都在问我："什么时候送孩子上幼儿园？"

一开始，我并不觉得小哈非上幼儿园不可。一来他有一个可以全职陪伴他的好妈妈；二来我不觉得一个需要面对二三十个小孩的老师，能给予每一个孩子足够的关照。再者，我觉得孩子需要自由，而幼儿园里都是一起上课，一起睡觉，一起吃饭，甚至一起大小便的。

但同时，我也深深地知道，孩子终归要走向社会，走向独立。诚如哲学家弗洛姆所说，父母之爱，是分别之爱，是父母慢慢放手，让孩子逐渐离开父母。这与夫妻逐渐合二为一的融合之爱恰恰相反。

于是我连续写了诸如《孩子非上幼儿园不可吗？》《一个爸爸的纠结：到底要不要送孩子上幼儿园？》等文章。

哼妈后来也写了一篇文章叫《世界，请给我一间幼儿园》。她在前言里说："这段时间，哈爸持续地陷入小哈读不读幼儿园的纠结中，这是一个父亲的动人一面。"

后来，我还是决定送小哈上幼儿园，送他去冒险，去经历这个世界，正如小罗力的老爸所做的那样。

这终究是我们为人父母要面对的问题：孩子逐渐长大，开始有独立的需求，寻求同伴的需要，他们对这个世界充满好奇。后来，当我问小哈想不想上幼儿园时，他竟然那么高兴，仿佛对幼儿园神往已久。

人世间所有的爱，都是为了相聚；唯有亲子之爱，却是为了分离。是的，"放手"这一课，我们终究要学会，虽然很不舍，却也无法避免——这就是父母对孩子的分别之爱。

可能在我们成人看来，小罗力的老爸真了不起，是作者虚构出来的。其实，好的虚构表达的东西往往最为真实。也就是说，在孩子眼里，老爸就是那么的厉害。正如在小哈心里，我好像是无所不能的。

每当小哈问我或者他的妈妈:"爸爸可以赶走大怪兽吗?"我们都斩钉截铁地回答他:"当然!"借此,他的安全感得以建立,他才更有勇气去冒险和探索。

当然,孩子毕竟还小,我们也不可能完全放手,而要像小罗力的老爸一样,随时准备施以援手。随着孩子慢慢长大,父母暗中保护的次数越来越少,直到他们能够独立自主,但我们对孩子的爱却永远不变。

与此同时,我们深知自己不是无所不能的,因而会为孩子祈祷,愿他开开心心地去,平平安安地回。

有一种见识，
是去过贫寒无蔽之处，心有怜悯

◆ 哼妈

» 教育孩子的核心，绝不是在物质上有求必应

小哈每天都要经历很多次的"被拒绝"。

明天是牛牛哥哥的生日，我们需要带一个礼物去参加聚会——小哈给牛牛哥哥挑选礼物，却不能同时也给自己买一个。对一个孩子来说，这并不是一件容易的事。

小哈一年只有4次获得新玩具的机会，分别是春节、儿童节、圣诞节和生日。小哈2岁多就知道，有一个叫"预算"的东西，常常让他"有求没应"。

小哈有自己的小钱包，每天存1元钱进去。这个钱包让他在面对这个世界时，开始琢磨如何"取舍"。

北京的雾霾很严重的时候，妈妈和小哈商量着买了一个"昂

贵"的儿童口罩，小哈在超市放下自己爱吃的奶酪，"我们要把买口罩的钱节约出来"。

小哈看过《黑镜头》里非洲儿童的照片，知道贫穷的极限如何。小哈也拜访过残疾乞丐的家，知道缺乏并不是一种羞耻。

所以，小哈同样知道，我们很富足——因为我们所拥有的，足够我们使用。

» 有一种见识，是去过贫寒无蔽之处，心有怜悯

小哈是没过过穷日子的，即使我们并不算富裕。

小时候出门，如果遇到乞讨，小哈会找我要零钱，然后递过去。后来，他有了自己的钱包，再遇到行乞的人，他就从自己的小钱包里拿钱送过去。

有一天，小哈回来说："妈妈，我们家穿不了的衣服，可以送给'贫困的人'。"并催着我去翻找"穿不了的衣服"。我告诉他，妈妈之前送了很多给需要的人了，家里暂时没有，他这才罢了。

过了几天，哈爸带他探访一位流浪老人，在寒冷的冬天，小哈看着老爷爷就这样幕天席地地睡在马路边，他觉得很难过。

小哈也会坐在桌边听爸爸讲，我们应当"看顾在患难中的孤儿寡母"。

和很多父母一样，无论家里的境况如何，我和哈爸在孩子的需用上，从来没有舍不得的。我们总想给他最好的：最好的

教育，最好的吃穿，最好的起居，最好的环境。可是，我们还知道：

> 若我们看到别人的缺乏，便当在别人的缺乏上看到自己的责任；
> 若我们有所得，便是为了让我们"按着力量，并且过了力量"去奉献。

小哈在 4 岁的时候，就走过国内 10 多个城市，也出过国门；见过峰峦沟谷，也见过江洋河海；被招待过昂贵的餐点，也入住过辉煌的酒店，可是，这并不算小小年纪的他的"见识"。

因为，**有一种"见识"，是去过贫寒无蔽之处，心有怜悯；见过孤苦无依之人，心有负担；遇过残病弱痛之人，心有哀伤。**

见过奢华富裕，不一定有益；见过穷乏贫苦，或更能感恩谦卑。

给孩子立界限，
不只是大人的事

◆ 哼妈

我和朋友坐在沙发上聊天，小哈一个人在旁边玩。突然，朋友惊恐地喊道："小哈，不可以玩刀！"

小哈一下子愣在那里，我拍拍朋友的手背，然后对小哈说："阿姨只是提醒你用刀的时候注意安全。"

小哈点点头，继续切着他的"菜"——中午我做菜时剩下的蔬菜。

朋友瞪大了眼睛："他玩的是刀！真的刀！"我说："对，那是他的菜刀，放心，他知道分寸的。"

在朋友看来，我有点不可思议——怎么可以让3岁孩子玩这么一把亮晃晃的刀！我想，我还是需要给她解释一下的。于是，我便讲了一个"小哈与刀"的故事。

» 这件事在我们的承受范围内

小哈很小的时候，每当我切水果或者切菜的时候，他都对刀表现出浓厚的兴趣，即使我已经为他准备了木头的或者塑料的玩具刀。我跟他约定：不可以玩菜刀，因为菜刀可能伤害你。我用塑料刀在他手上划了一下，他觉得痛。

小哈两岁半时，当我准备餐点切菜的时候，他就在旁边目不转睛地盯着，他对我们之前的约定表示了抗议："妈妈，我不会切到手的，你看我切黏土的时候从来没有切到手。"——练习了无数次塑料刀切黏土，他已经对自己的"切菜"能力非常自信了。从他闪烁的眼睛里，我看到了他想给自己一个新的挑战。也许，我们需要一个新的约定了。

我想了想，对他说："是否用真的刀，你自己决定吧！如果切到手，可能会流血，还会痛，你能接受吗？"他认真地点点头。

我又想了想，问自己：如果他切到手，我能接受吗？我能。如果他切到手，他能承受吗？我想也能。既然这样，那就可以修改我们之前关于刀的约定了。

我说，好吧，你挑选一把你觉得最适合自己的刀吧。他把摊在地上的每把刀都用了用，最后选了一把比水果刀大，但比菜刀小的刀——我也同意，因为那把刀有点钝。小哈很高兴，他拥有了一把属于自己的真正的刀。

我送给他一个小南瓜，他放到他的小桌子上，举起刀，用力地砍下去，南瓜被砍成了两半，小哈乐了，为自己被信任，也为自己能驾驭一件"大事"。第一次的切菜经历非常愉快。

» 也许会受伤，但也会成长

第二天，正好是周末，爸爸在家。小哈决定向爸爸展示他的新能力，于是乐颠颠地搬出他的南瓜块和专用刀。我蹲下来，让他看着我，再次重申了我们的"新约定"：可以用刀，但要保护自己，也不要让刀伤到别人。伤到自己会流血会痛，伤到别人会被暂时停用刀。他点头同意，然后兴高采烈地演示给爸爸看。

很遗憾，在表演的高潮，他右手拿刀，左手放好"菜"后却忘了拿开手，于是，刀切到了左手大拇指。

他哭了，他说痛，也看到了流血。我很心疼，说被切一道口子肯定痛吧，他点头，觉得自己被理解了，于是就不哭了，然后和我一起给伤口贴上创可贴。我抱着他，他很快笑了，我知道他得到了安慰。这时我问他，想不想再试试？他想了想，点头了。

这次他再握起菜刀时，很认真地对我和他爸爸说："切菜一定要把（左）手拿开哦，不然会切到手指，会出血会痛的！"

后来，只要看到我拿起菜刀，或者其他锋利的东西，他就会这样提醒我。而他也一直十分谨慎地对待刀——当然，没过多久，小哈就完成了对刀的探索，又开始对新的事物跃跃欲试了。

» 让孩子远离危险是治标不治本

听我讲完"小哈与刀"的故事,朋友认真地蹲在小哈面前看他"切菜",小哈提醒她不要离刀太近。朋友一脸惊讶地坐回来:"他真的是在'驾驭'那把刀!"但是,当她决定回去也让她的孩子这么尝试时,我劝阻了——这既需要你把握孩子是否有掌控刀的平衡力和力量,也需要你衡量孩子能否承担后果,还需要孩子自己愿意达成新的规则。给孩子立界限,不是你单方面的意愿或者决定,这是你和孩子两个人的事情。

想一想,为什么我们说"不可以"的时候,总是会遭到孩子的各种抗议呢?为什么我们让孩子"这样",孩子却非要"那样"?为什么我们在给孩子立界限的时候,总是纠结该"渐步缓行"还是该"坚决执行"?又或者纠结过于强硬会不会让孩子心理扭曲,温柔妥协又会不会让孩子没有规矩?

» 父母应该给孩子立界限

也许,只是因为我们忘了,我们在立界限、建规则的时候,需要让孩子也参与进来。我们习惯用最简单的方式告诉孩子"不可以这样,应该那样",这也许是给了孩子最难受的爱。所以,我总是提醒自己,我需要和孩子彼此磨合,用我和孩子都能接受的方式,用最美好的过程,来为他建立最恰当的边界——既充分地保护他,又最大地激发他。当然,给孩子"体现爱的规矩和带有规矩的爱"是极不容易的事情,因为这太考验我们的智慧和耐心了。

南宋学者家颐在《教子语》中说:"人生至乐,无如读书,至要,无如教子。"

妈妈怎么说爸爸，孩子就怎么信

◆ 哈爸

最近在读绘本《我的爸爸是长颈鹿》，这本书总给我一种似曾相识的感觉。我想，产生这样的感觉有两个原因，一是它好像在描述我们家，二是它让我想起了《大卫，不可以》。

在《大卫，不可以》里，妈妈虽然没露脸，但妈妈对孩子的爱无处不在；在《我的爸爸是长颈鹿》里，妈妈也没有露脸，但同样让人感觉到，妈妈对孩子的爱无处不在。更重要的是，妈妈对爸爸的爱也表露无遗。我们所能给孩子的最好的爱，就是爸爸妈妈相爱。

《我的爸爸是长颈鹿》这本书，以孩子的口吻讲述故事，妈妈自始至终没有说一个字。而大卫的妈妈则总是"唠叨"，说"不可以"。但是，这个妈妈真的没有说话吗？在我看来，故事里孩子说的话基本都来自妈妈，最为直接的"证据"就是——孩子记得"妈妈说，爸爸是世界上最好的。""妈妈说，爸爸是她最好的朋友。"这不就是哼妈经常对小哈说的话吗？

我还有更真实、更有力的"证据"，证明孩子说的话，基本都来自妈妈。

在这个故事里，孩子的妈妈不仅对孩子说过"爸爸是世界上最好的""爸爸是她最好的朋友"，肯定也对孩子说过"爸爸很高大""爸爸有斑点""爸爸很温柔""爸爸很好玩"……

小哈从两岁的时候开始，就会在相应的场合对我说："爸爸，真棒！""爸爸，强壮！""爸爸，真不错！""爸爸，辛苦了。"

这些难道是小哈自学的吗？不可能！小哈虽然看过大量的绘本，但根本认识不了几个字，更别说"真棒""强壮""辛苦"这样的词语。就算他在听哼妈讲故事时听过这些词语，那么小的他也不太知道怎么在实际生活中运用。

但小哈确实说了。为什么？哼妈教的呗！

比如，我修好了家里的灯泡，哼妈就竖起大拇指，看着小哈说："爸爸，真棒！"小哈就会跟着说，仿佛妈妈的传声筒。

但奇妙的是，哼妈不在身边时，小哈看我做了什么事，也会"表扬"我，并且表扬得恰如其分。正如在《我的爸爸是长颈鹿》里，妈妈虽然没有出现，但孩子把爸爸说得非常形象恰当。这是因为，孩子已经把妈妈对爸爸的评价内化于心了。

这个绘本最让我感到惊喜的一句话是："妈妈说，爸爸是她最好的朋友，我说……我最爱爸爸了！"按照正常逻辑，作为孩子的"我"应该会说"爸爸也是我最好的朋友"。但故事里的"我"没有这样说。他在这里有一个飞跃，省略号和孩子的表情，说明这个飞跃是难得而又充满喜悦的。

在得到妈妈足够多的正能量后，孩子不再鹦鹉学舌（孩子必须经历但不能停留的阶段），而是能够自由地表达自己的感受了——他长大了！他可以和爸爸安安静静地坐在一起，而不只是玩耍嬉戏。

故事里的爸爸确实很棒，但妈妈更棒。而在现实生活中，我常常发现有不少妈妈在孩子面前说爸爸的不是，背后说爸爸的坏话。说者无意，听者有心，尤其是听的人还是缺乏辨别能力，但模仿能力极强的孩子。如果妈妈说爸爸不好，那在孩子心中，爸爸就是不好的。

幸运的是，我有一个好妻子，小哈有一个好妈妈。曾经有一段时间，哼妈常常给小哈唱一首歌："我的好爸爸，下班回到家，工作了一天，多么辛苦呀……"小哈会对我说："爸爸，辛苦了！"这句话想必是从这里来的。

不过，我觉得哼妈有一点可以向故事里的妈妈学习：向孩子更具象地传递爸爸的形象。比如说，爸爸是一只长颈鹿。

我愿每个妈妈都不对孩子说爸爸的不是，而是对孩子说："爸爸是一只长颈鹿，高大、厉害、温柔、好玩，以孩子为骄傲……"

因为，妈妈这么说爸爸，孩子就这么信，而爸爸也会这么做。

小朋友社交那点事

◆ 哼妈

　　小哈两岁多时，有一位玩伴哥哥，只要两人在一起，小哈总免不了被打。奇怪的是，几乎不需要任何争执或者不和，哪怕小哈有意离得远远的，还是会被打。

　　这让我恼火。虽然我数次告诫那位小哥哥，虽然小哥哥的妈妈也非常努力地介入，但收效甚微。孩子的世界就是这么的莫名其妙。

　　就在那段莫名其妙被打的日子里，我和小哈有了持续的关于"打人"的探讨。后来，我们一致认为，那位哥哥打人，大概是因为他没有办法更好地管理好自己的手，他需要帮助。

　　于是，我们便带着"怎样更好地帮助他"的内心，研究"被打"的对策，"要告诉他，打人是不对的"；在保护好自己的前提下，可以适时还击，但一定是抱着"要让他知道，被打是很痛的"的善意；在自己解决不了时，"要找大人帮助"。

如今，小哈3岁多了，也算是稍经世事。

一天晚上洗澡，我们聊天，我开始"耍赖"：
"虽然那样是不对的，但如果他就是要那样呢？"
"那就提醒他！"
"如果他还是要那样呢？"
"那就批评他！"
"如果他还是要那样呢？"
"那就管教他！"

看来，在与同龄伙伴的社交实践中，小哈已经总结出如何应对再三冒犯自己的人了。

也许，对于如何应对"被打"这件事，还会有很多更好的办法，但在我有限的智慧之内，只能暂且如此有限地带领了。我只是想——

如果我不愿孩子成为黩武之人，我就不要简单地告诉他"打回去"；如果我不愿孩子成为心怀愤恨之人，我就不要指引他用口舌和手脚去泄愤；如果我不愿孩子成为性情寡薄之人，我就不要一味地授之远避与憋忍。

因为，他如何行事，不在于手脚，而在于心。我宁愿他带着爱去应对，所以即使是回击，也应怀着帮助之心，而不是报复或者发泄。

所以，我要做的是，看到自己的孩子被冒犯时，即使心疼，也不愤恨——如果我愿他成长为有爱的人，我自己便要成为那个孩子看得到的能宽容、善帮助、能饶恕、善和平的人。

∞ ∞ ∞

小哈最近爱哭了些。被抢玩具了，哭；被拒绝了，哭；游戏不顺，哭。他原本并不是一个爱哭的孩子，我想，他的内心或许正在经历着什么，而其中似乎包含着对哭的解读——哭，代替了他很多的表达，除了难过、沮丧，还有抗拒、愤怒及试图控制他人，就像有些孩子用打人来表达抗拒、愤怒和控制别人一样。

早上去幼儿园的路上，我抱着小哈，我们边走边聊。

"妈妈今天这条新裙子很漂亮吧？可是，如果爸爸要在上面画一朵大红花，妈妈不愿意，该怎么办呢？"小哈在我怀里摆弄着他手中的玩具超级飞侠。

"妈妈有3个办法：第1个办法，告诉爸爸，我不同意，希望你尊重我；第2个办法，对着爸爸大哭，让爸爸不敢画；第3个办法，妈妈打爸爸一顿。"小哈停止了摆弄手中的玩具。

"妈妈认为，第1个办法最好，第2个一般，第3个最不好——你见过妈妈不同意时，朝爸爸哭吗？"小哈摇头。

"你见过妈妈打爸爸吗？"小哈大声说："没有！"

"我们的嘴巴除了能吃好吃的，还可以告诉别人我们的想法和感受。"小哈嚷嚷："还可以说话！"

"那如果在幼儿园里有小朋友抢宝宝的玩具，宝宝怎么办呢？"

"告诉他，我不同意。"然后他又说了一句，"还可以告诉老师！"

看来，道理他是懂的。

放学了，小哈照旧在楼下的花园里逗留。他用自己的超级飞侠跟一位哥哥换了陀螺，可就在交接的时候，在一旁觊觎已久的一位小姐姐快速地夺走了小哈换来的陀螺，并自顾自地把玩了起来。眼看小哈嘴巴开始下撇快要哭了，两米外的我朝他指了指自己的嘴巴，提醒他"我们有嘴巴哦"，于是他忍住哭，先对小姐姐说："这是我换来的玩具。"小姐姐没有反应。他又对小哥哥说："这是我跟你换的玩具。"于是小哥哥出手了，向小姐姐做了声明并要回了玩具，递给了小哈。

这时，我蹲下来，对小哈说："小哈，姐姐是女生。如果你愿意先给女生玩，可以先给姐姐玩；如果你不愿意，可以请她先等一下哦。"小哈想了一下，便将陀螺递给了姐姐，然后和小哥哥一起研究起了超级飞侠。

小哈已经在学习社交的路上摸索前进，用哭泣表达需要大概只是他摸索过程中的迷途，我只愿，我的引导不那么生硬，我的耐心不那么有限。

哈爸曾笑说，世间有智商、情商、财商，还应该有"育儿商"。他认为，这是一位母亲对孩子各种状态的灵敏应对能力。

我遇到过这样一位母亲——课堂上，她的孩子忍不住伸出小手去打小哈，我不知缘由，小哈也不知道为什么。通常情况下，这个孩子会被强行制止，屡犯不止就会接受管教，直至他控制自己的手不去打人。但是，这位母亲却将孩子抱到另一个房间，花费了一些时间，微言细语，层层挖掘，最后，她回到我身旁，告诉我孩子是因为嫉妒，嫉妒小哈分去了原本可以属于他的更多关注。这位母亲不是简单地带着孩子学会控制他打人的行为，而是带着孩子一起去应对他内心的征战——如何认识与战胜嫉妒。

这位母亲对孩子状态的灵敏应对能力让我受教。她不是靠着眼见、因着行为而施行止于行为的教育，而是透过行为，施行止于内心的教育。她是我见过的少有的极温柔、极谦卑的母亲。因为温柔，她不会轻易被孩子的行为搅扰而失了从容；因为谦卑，她不会靠着眼见武断施教，她宁愿相信孩子内心有自己所不知的内心和缘由。

然而，行文至此，我突然想起一句话："教养孩童，使他走当行的道，就是到老他也不偏离。"

让孩子远离欺凌

◆ 哈爸

怎样才能让孩子远离欺凌呢?

是我们做父母的让自己更强大,在经济条件、社会地位等方面提升自己,以便孩子更具有底气?

或是在学校找老师、找大同学做孩子的保护伞?

然而,这些都不是根治之道,孩子的活动范围越来越大,总会有保护伞遮盖不到的地方。

那就让孩子学跆拳道、武术什么的,让他们有防身之术?

然而,我们看过一些"块头"很大的人也会受别人欺负,并且不敢反抗,外强中干而已。

» 什么样的孩子容易遭受欺凌？

虽然谁都有可能成为被欺凌的对象，但是我们常常发现：那些由于家庭、外貌或成绩等因素影响而略显沉默、不善交际的孩子，更容易成为被欺凌的对象。

很多孩子在外面容易被欺凌，往往是父母的"功劳"。也就是说，孩子在家里一直被爸爸妈妈欺凌——那些在学校被同学欺凌的孩子，往往在家里有被父母长期欺凌的历史。

这里并不是说爸爸妈妈会打孩子，而是说一些父母会用语言欺凌孩子。在家里，孩子受到爸爸妈妈的语言暴力；在学校，孩子受到同学的欺凌。这在本质上是一样的。

孩子被自己的父母欺凌，根本不敢反抗，内心越来越脆弱。到了外面被别人欺凌时，他依然不敢反抗，还以为世界就是这样的，人生就是这样的。

» 怎样才能让孩子的内心更强大？

要想让孩子远离欺凌，对父母来说，至少可以让孩子的内心更加强大。内心强大的孩子一般不会被人欺凌，至少不会被别人长期欺凌。

那么，怎样才能让孩子的内心更强大呢？

首先，我们要更加尊重孩子，多多鼓励孩子，以此来让孩子更加有自尊。有自尊的孩子，会尊重别人，也会让别人尊重自己。

其次，我们可以带领孩子多读书，让孩子的内心更加丰盈，正所谓"腹有诗书气自华"，有气质、有气场的孩子一般不会被欺负。

再次，我们可以根据孩子的兴趣、天赋，对他们加以训练，让孩子在某一方面更加出色，以增强孩子的自信。

最后，我们可以通过示范，教会孩子与人相处之道，让孩子能够与同伴和睦相处，而不是被孤立起来。

希望我们的孩子不被欺凌，也不欺凌别人。

用分享本身，教会孩子分享

◆ 哼妈

小哈上幼儿园，每天接他放学，我都会拎一个布袋子，里面装着他近来爱玩的一些玩具，其中一部分是小哈早上给我列的口头清单，请我在接他时一定要带上的。

经过小区花园时，小哈会在这里玩耍一阵。不需要太长时间，小哈身边就会有一群玩伴，他们会一起游戏，一起探索。

小哈不到1岁就学会了走路，他喜欢用脚步去靠近一切他喜欢的事物，尤其是小朋友。自从他开始尝试建立自己的小小社交圈，玩具布袋就陪伴着他。我为他准备袋子里的球、车、枪，当他试图与小朋友建立关系而不得法时，我会提醒他试试分享玩具。

不久，他就发现了玩具布袋的好处——他学会了用玩具去和其他小朋友交换，也谙熟了在语言表达的同时，用玩具去传递友好、安慰、感恩、和好，等等，并且无师自通地懂得了什么是我的，什么是别人的，也在不经意间开始准确地表达"你""我""他"。

在小哈还不知分享为何物时，"分享"以其丰厚的馈赠，让小哈深刻地认识了"分享"本身。如今出门，小哈都会自己安排小布袋里的物品——每一次出发，他都在预备一次盛大的分享。

» 给孩子自由选择的权利

我没有经历过孩子不愿意分享的困扰，但我眼见过那些不愿意分享的孩子所承受的压力："好东西要跟大家一起分享啊，你看人家小哈多大方！"每及如此，我都会慌张地劝诫大人："还是尊重孩子的决定吧！"

我当然遇到过小哈不愿分享的时刻。如果我希望小哈是自愿分享而不是被迫让出，那么我就要给他自由决定的权利。所以，当有大孩子擅自到小哈的布袋子里翻找时，我就会说："对不起，这是小哈的玩具，你需要征得小哈的同意。"当有奶奶想要给自己的小孙孙玩一玩暂放一旁的扭扭车时，我也会先问小哈是否同意，如果小哈不同意，即使老人不理解，我也会坚持说抱歉——被要求的承让，恐怕无法让孩子体会到自由分享的甘美。

小哈才3岁，他能够"说了算"的事情实在很少——能不能只吃零食不吃饭，能不能不按时睡觉，能不能在澡盆里玩久一点，能不能不刷牙只吃牙膏，能不能一直看动画片，能不能边吃饭边玩超级飞侠，能不能让妈妈一直一直讲绘本故事，能不能光脚在瓷砖地板上玩，能不能总收到礼物，能不能不用起床直接在床上尿尿……都不能！

那我要怎样让他学习独立自主？怎样教他学会自己穿衣服、刷牙、吃饭、上厕所？

我要做的，其实是在他本就有限的决策范围内，给他充分说"yes"和"no"的自由，并尊重他的决定。如此，他才能渐渐学会独立权衡、自主决断。

》用分享本身，教会孩子分享

有时我会想，也许孩子经历的比我们想象的要无趣得多吧。我们开一个领导满嘴大道理的会议有多么无趣？而孩子每天都要被大人开很多次这种无趣的大道理会议——明明可以用一个个有趣的"布袋子"解决的那些概念，却偏偏要用一堆苦口婆心、循循善诱、温柔的或者焦躁的大道理去解释——可见，大人觉得自己多忍耐、多尽责时，尚不知自己有多不自知。

这也是我写此文时惶惶之所在，我自认为"用分享本身教会孩子分享"尚为良策，或许这背后，就已经昭示着我的某种不自知。

育儿有惑，方为不惑；为母虚怀，方能若谷。

给孩子最好的礼物

◆ 哈爸

亲爱的小哈：

你3岁了！生日快乐！

为了迎接你的3岁生日，爸爸早在几个月前就开始准备了——我在给《了不起的爸爸》做推荐时，就说要效法里面的熊爸爸，给自己的宝贝好好过一个生日。

临近生日，我多次问你想要什么样的礼物。你的回答无非就是：车车。而你的行动则告诉我，你要的是我多陪你。我每天下班回家，你总是高兴地说："爸爸，你怎么就（终于）回来了？"每天晚上上床睡觉，你总是说："爸爸，和我一起睡吧！"我出门，你也总是要和爸爸一起去。

我想，3岁之前，妈妈给你的最好的礼物就是一个能全身心陪伴你的有爱的妈妈。你的妈妈是一个好妈妈，她做到了。而对我来说，能给你的最好的礼物，就是做一个更好的爸爸吧！

怎样做才是一个更好的爸爸呢？我常常这样问自己。我想，一个好爸爸，最起码应该包括做更好的自己和有更多的时间陪伴你吧！

前些日子，我就在纠结你3岁后要不要上幼儿园？上怎样的幼儿园？是不是要做共学家庭？甚至是要不要带你回广阔干净的农村……我并不觉得你非要上幼儿园不可，只是认为你3岁了，应该一点点走出去，最终走向独立。

和很多爸爸妈妈一样，我眼中的这个时代危机四伏。这个世界会好吗？这是爸爸在心底总会想起的问题，不单是为你。无论如何，我并没有因此而消沉悲观，因为我深信，乌云之上依然有太阳。有一首诗歌："云上太阳，它总不改变，虽然小雨洒在脸上。"

亲爱的小哈，爸爸若要给你什么建议，第一个就是你要有信仰。

了解爸爸的朋友都说，爸爸是一个对社会有美好期望的人。这些年，我一直在努力做符合这一期望的事，也遇到各种无奈，多少人碰壁。然而，这些其实并不会让我绝望。最让我绝望的是：我逐渐认识到，需要改善的并非这个社会、世界或时代，而是我自己，我竟无力改善自己。

我用的手机从诺基亚到小米到苹果，我用的电脑从台式机到联想笔记本到MAC，我住的房子从泥瓦房到平房到小区房，那又如何呢？我还是我：一个戒了几百次烟也戒不掉的我，一个没有耐心、不会人际交往的我，一个对未来充满忧虑、无能的我……直到我找到自己的信仰。

有一天早上，我在沙发上看书。你爬到我腿上，说："爸爸，我也要看。""要爸爸读给你听吗？""不用，我自己会看。"然后，你一页一页地翻着书看。

那个时候，你连字都不认识，自然看不懂。但我容你这样，是想让你知道，看书是一件美好温馨的事。我相信，这样的一幕会成为你未来的美好回忆。

然后，你跑开了，去厨房里问妈妈："爸爸为什么看书？"

妈妈说："因为爸爸看了书，才知道怎么爱你、爱妈妈、爱很多很多人呀！"

哦，小哈，你有一个多么智慧的妈妈！

这也是我要给你的第二个建议：找一个亲密的异性伴侣共度此生。

这样的建议，对你来说无疑太早了。但我希望你知道关系的重要性——关系比成功、成就重要，比权势重要，比名声重要，比很多很多看得见的、看不见的东西都重要。

其实，你从一开始就知道关系的重要性。你不是头脑知道，而是真正"知道"。比如，你需要爸爸妈妈，尤其是妈妈。妈妈走到哪里，你就跟到那里。你要和我们睡在一起。没有妈妈，你就会哭闹。

又比如，爸爸纠结要不要送你上幼儿园，就问你："你想去幼儿园吗？"你每次的回答都是："想！"你也总是问妈妈："我可以上幼儿园了吗？"你对幼儿园是多么向往啊！想来是因为幼儿园里有小朋友。

但你会一天天长大，你会越来越独立，离开你的小伙伴。很多人一长大，就忘记了关系的重要性。小哈，爸爸希望你不要忘记，始终记得现在的你在你最爱的车车和妈妈之间，你选择了妈妈。

是的，爸爸妈妈无法陪伴你一辈子。能够陪伴你一辈子的，是你的另一半，你的配偶。我也希望你看看《小王子》，知道"驯养"的意义。你可以借着彼此"驯养"，来和别人建立亲密关系。

再者，我希望你找到自己的使命，也就是你决定要服务、要爱的人群。

小哈，爸爸原来对使命多有折腾和误解，以至于几年间有10次跳槽。每一次跳槽，都意味着一次寻找、一次痛苦。

后来，爸爸终于醒悟，原来我们的人生目的，就是努力实现自己的梦想，做些对人对己有益的事情。

爸爸希望你能慢慢认识到：你的天赋是什么？兴趣是什么？你会有什么经历？你训练过自己什么能力？这些都有待时日发现，也有待你对自己有更多认识。但不管怎样，你都有能力去服务他人。

最后，我希望你一直热爱阅读，像你小时候和现在一样，像你的爸爸妈妈一样。

输不起的孩子，
赢不了的人生

◆ 哼妈

博博有一颗糖，小哈想吃，博博也想吃。于是，他们决定用"石头剪刀布"来决定。结果，小哈输了。眼睁睁看着博博剥开糖纸，把糖放进嘴里，小哈号啕大哭。

又一个棘手的问题，一个孩子与"输赢"对峙的问题。

∞ ∞ ∞

放学了，小哈常常会在楼下的花园里玩耍一阵。花园是由方形大理石瓷砖铺成的，我和小哈各自站一列方块的起点，"石头剪刀布"，谁输了谁就前进一格。小哈没多想，欢快地玩着这个游戏，很多次。

赢和输，不是只有这一种游戏规则。

∽ ∽ ∽

外出回家的车上，我和小哈平分带出来的小玩具："我们玩'石头剪刀布'吧！谁输了，谁就可以获得对方的一个玩具。"小哈高兴地点头，还没点到第三下，他便顿住了："妈妈，应该是赢了才能得到玩具！""我们玩的是特别的游戏，输了获得玩具，你觉得这个规则怎么样？"小哈同意了。很快，因为赢了太多次，我的手里没有了玩具，小哈继续"输"，但每"输"一次，他都会愉快地送我一个："这个送你！"

赢，不一定要获取；输，也可以付出。

∽ ∽ ∽

雾霾很重的日子，我们就在客厅打羽毛球，我们约定，输的一方，可以给赢的一方"大拇指"。小哈的球强劲地冲过来，撞到天花板又朝下落向地面，我输掉了一个"好球"，我兴奋地冲小哈竖起大拇指："你真棒！"当我的球直撞到他的胸口时，小哈沮丧地捡球，抬起头想起我们的约定，也朝我竖起了大拇指，虽然有些勉强。

失败，也可以成为祝福别人的机会。虽然，这接受起来很难。

∽ ∽ ∽

从小哈的书架上，我找出了"查理和劳拉系列"中的《我赢了，不，我赢了，不，我赢了》。无论是做游戏、喝牛奶，还是玩牌，妹妹劳拉总是要赢，即使耍赖也要赢！一次，在公园的赛跑游戏中，劳拉坐在高高的滑梯上不敢下来，此时胜利在望的哥哥查理，选择了返回去陪妹妹一起滑下来。最后一程，哥哥还是赢了。这时，查理想起爸爸的话："查理，你必须给劳拉一个机会，因为她那么小……"于是查理问："你还好吧，劳拉？"一向争强好胜的劳拉却说："太好玩啦！"而且又说："查理，你不一定每次都会赢！"

小哈也会读这个故事，这是一个讲述"赢不是最重要的"和"输赢无定"的故事。

∽　∽　∽

博博来家里吃火锅。如今已经成为好朋友的他们，凑在小哈的小桌子上吃完后，又一起在小哈的"积木房"里玩开了（其实，博博是一个很有趣的20多岁的大姐姐）。

突然，"哇"的一声，房间里爆发出小哈的大哭声。

当我们俩单独待在卧室里时，小哈说："我不要跟博博姐姐玩！"

"为什么呢？"

"因为她弹我，我不要跟她玩！"

我以为只是玩的时候小哈被无意弹到了，再问才发现不是。

"博博姐姐为什么弹你呢？"

"因为我输了！输了就要被弹，我生气！"（这是他们的游戏规则。)

"哦,原来宝宝哭是因为积木游戏输了很难过,对吧?"

小哈边哭边点头。

"输了还要被弹,就更难过了。"

小哈响应我,加大马力地哭。

"输了真是让人难过,妈妈输的时候也难过呢!"

拥堵的情绪被接纳,不一会儿,小哈已经在厨房架起了椅子,和我一起愉快地洗碗了。

洗漱完我们躺在床上,小哈心情平稳,我们便又聊起了输掉的积木游戏,我说:"小哈,告诉你一个秘密哦!"

"什么秘密?"

"这个秘密,妈妈也是好不容易才发现的。那就是——生活中的很多'好东西',往往藏在我们不容易发现的地方,就像爸爸用糖纸包好糖,将它藏在衣柜里一样。"

小哈没出声,期待着我继续。

"我发现,很多'好东西',藏在'输了的游戏'里。下次如果我们输了,就一起找找看吧!"

∞ ∞ ∞

虽然大半年过去了,但每次输了,小哈仍会大哭。我会问自己——我是想引导孩子什么?引导他输了也不难过吗?不,不是这样的。即使是大人,懂了"过程最重要""友谊第一,比赛第二""只要努力了，结果不重要"这些大道理，也会在输了后感到难过的啊！

所以，不要否认或者不接纳孩子面对失败时的挫折感，我要做的，只是带着他从不同的角度来观察输赢，直到他能自己看待成败。

我想有一天，小哈在人生的某场已经尽力的比赛中"输了"，难过之后，他会拍拍屁股站起来，"再来一次吧"；或者，他会与对手击掌，"干得漂亮"；又或者，他会拍拍同伴的胳膊，"下一次，可能是我赢哦"；还或者，他心里未起波澜，因为他相信，这是最好的安排。

有人说，"输不起的孩子，赢不了的人生"，或许，还有一种真相是，"输不起的大人，好不了的教育"。

把糖放在"奇妙"的地方

◆ 哈爸

有一次,我和哼妈带着小哈逛宜家。我们逛了几个小时后,小哈想要吃东西。兴致盎然的哼妈只好打住,付完款,小哈就看到一家"瑞士食品店",货架上满是五颜六色的糖果。

哼妈带他进去,买了3包不同的糖。

我们拿了1包给小哈,里面的糖很小,只有豆子那么大。小哈就自己1颗、爸爸1颗、妈妈1颗平均分配,大家一起吃得很开心。

"今天不能再吃喽!"到家之前,哼妈对小哈说。小哈满口答应了。

回家后,我在厨房疏通下水道,哼妈在厕所洗衣服。小哈在征得我们同意的情况下,一个人看了1集动画片,看完后很自觉地关了电视。

我疏通完下水道来到客厅,发现小哈在吃糖。糖是从哪里来的?我就发现壁柜下面有一个小板凳。很明显,小哈是搬了小凳子自己拿的糖。

这时,哼妈也洗完衣服出来,她刚好听见我在问:"小哈,你在吃糖啊?"

"妈妈不是告诉过你,今天不能再吃糖了吗?"哼妈说。

小哈有点不好意思,想了一会儿说:"你为什么不把糖放在一个'奇妙'的地方呢?"

哼妈说:"我会把糖放在有节制的小朋友的家里。"

然后他们俩就你一句我一句地从客厅纠结到卧室,再到阳台,因为哼妈要晾衣服。

后来,我问小哈:"什么叫'奇妙'的地方?"

"就是小小的、不能发现的地方呀!"小哈回答得很利索。

"那妈妈怎么说?"

"妈妈说要(把糖)放在看得见的地方,小朋友看见也不会去拿的地方。"

后来,我又单独找哼妈聊:"你觉得小哈说的'奇妙'的地方,是什么意思?"

"他就是说不要诱惑他呗!"哼妈笑着说。

"你好像说要有节制?"我试着问。

"我想了想,这对他来说确实太难了。"哼妈反思道。

"对呀,你不能让一个美女在我面前晃来晃去吧?"我跟哼妈打趣。

把糖放在一个小哈能看见而且努力就能够着的地方，要求他节制，不去拿来吃，这真的很难。

"我想给他准备一个糖罐子。"哼妈说。

…………

隔天早上，小哈起得很早，哼妈还在睡觉。小哈玩了一会儿后，发现客厅的壁柜上有糖（哼妈昨晚忙忘了），就对我说："爸爸，我就吃两颗糖，可以吗？"

"可以。"我拿糖给小哈的同时，对小哈说："我把糖放在一个小小的、不被发现的地方，可以吗？"

"嗯！"小哈使劲地点了点头，很高兴的样子。

我拿着糖进了卧室，虚掩着门，我回过头来看小哈，小哈在客厅，他有点想看又不敢看的样子。我知道，他在努力克制自己。

小小孩的家务事

◆ 哼妈

上周六傍晚,我匆匆忙忙赶回家,九人火锅餐已经被朋友在家里预备妥当。雾气缭绕,氤氲良宵。待主宾两欢,各自散去,厨房里便堆满了碗盘碟筷。小哈搬来了自己的小椅子,请我帮他围好围裙,就开干了。倒好洗洁精,拿起洗碗布,一个碗一个碗地擦洗起来。火锅的剩油硬结在碗壁上,洗起来很是费了一些洗洁精和力气。我在右边的池子旁一个一个地接过他递过来的碗,清洗,入架。

厨房最后归于整洁。因为不要求来客换鞋,所以,客厅的地板也需要收拾下。小哈从厨房阳台提来扫帚簸箕,用"很稚嫩的手法"扫完地,最后完成高难度的将垃圾倒进簸箕的动作,再在洗手间接过我刚备好的拖把,拖干净了划分给他的那四块地板砖。

如此,方才洗漱,入睡。

∽ ∽ ∽

其实，我也没有"几岁该干什么"的"准确时刻表"。小哈3岁前，学会了自己穿套头衫，穿裤子、袜子、鞋子，自己刷牙、洗脚、擦香香，主动洗手，收拾玩具。学会了这些基本的自理事宜，他就上幼儿园了。

渐渐地，他学会了扣纽扣、插拉链头，就这样一点一点，他对自己周身的驾驭日渐熟稔起来，他常常拒绝"不请自来"的帮助，"妈妈不要，我'寄几`来！"他要享受自我驾驭的成就感。

再后来，他开始向外探索。他一点点地帮小姐姐把脚套进袜子里，挪好位置，直到整个袜子"完全到位"。用完餐，他把碗送到厨房，对洗碗的人们说"谢谢"。我做饭菜的时候，他架起小椅子，撸起袖子洗菜，拿自己的刀切菜，然后在炒菜时专司倒酱油、醋和盐。

他开始享受"手有余力以助人"的成就感。

∽ ∽ ∽

结婚头三年的"二人时间"里，在家务上我是不太"劳驾"丈夫的：与其花时间和他解释操作要领和标准，还不如我自己三下五除二地弄完得了。所以，我是在亲力亲为中去"烦"就简的。

我养成了习惯。所以，当小哈试图管理自己的周身时，我开始在他尚不熟练的动作缝隙里习惯性地"施以援手"，但我知道，实际上，我只是想在亲力亲为中省去某些麻烦。

小哈学着对这个世界"上手"的过程，也是我"放手"的过程。

∽ ∽ ∽

前不久，看到一个新闻。一个叫阿花的5岁小姑娘，每天早上5点起床，按照家里墙上贴着的自己写的工作表，洗脸、喂狗狗、散步、做酱汤、吃早饭、刷牙、弹钢琴、上厕所、上幼儿园。放学后，她需要洗衣服、晒衣服、整理房间、做饭……她的母亲在她4岁多时因病去世，去世前教给了孩子上面的一切。

这位母亲在孩子尚在腹中时，便知自己在世的岁月无多，于是在清晰的倒计时里，她尽力完成着自己的"账单"。

看到这个新闻，我就在想，我一定会是以白首至终老吗？我的呼吸一定会存留到明天吗？在教养上的懈怠与推迟，无非是因我内心深处认为，我时日尚多——可真的会如此吗？如果今晚是我"交账"的日子，我该会是怎样的光景呢？

晚上，小哈扯下自己的小毛巾，将小毛巾放进脸盆，揉一揉，捏着两个角对折，再对折，然后首尾对叠，拧干，摊开，贴在脸上擦洗后，再放入盆里揉洗，重复一次，最后洗完拧干，站到脚凳上，努力将小毛巾越过晾杆，从另一面轻轻扯下来，直至四个角两两对齐，再欢快地跳到爸爸的怀里，开始你一句我一句的诗文背诵……

像艺术一样，给教育留白

◆ 哈爸

我带3岁多的小哈在小区玩。出发前，哼妈有交代，让我不要玩手机。"为什么不能玩手机呀？"我在心里嘀咕，小哈会和其他小朋友玩的。但我还是听了哼妈的话，没看手机，而是远远地看着小哈。

没过多久，小哈开始和一个小朋友抢玩具。那个小朋友的妈妈也远远地站在一旁，和我一样看着眼前发生的这一切。我想，那个妈妈是否也和我一样，在思考什么时候介入两个小家伙的争执比较好？

我想起了《大树不说话》这个绘本。我和那个妈妈，就好像书里的"大树"，只是远远地站着，不介入，也不说话。可是，没过多久，那个妈妈"动"了起来。因为小哈和小朋友的争执比较厉害了。我也没有继续做一棵"大树"，随之走向他们。

《大树不说话》里的那个爸爸一直不说话，没有介入那个叫小好的孩子的爬上爬下，没有用语言鼓励，也没有施以援手。我和书里的爸爸孰是孰非？我想，没有对错之分，因为我和书里的爸爸面对的是不同的孩子。

就算是面对同一个小哈，不同的情形，我的反应也不同——有时我是"大树"，有时不是。

我经常做小哈的"大树"，不说话。小哈会做一些让我觉得不可思议的事，比如自言自语，跟玩具（尤其是玩具车）玩，发呆，跟动物聊天，说一个故事……我都倍加小心，尽量不干扰他的小世界，不笑、不问、不说话。

有一次，小哈在自言自语地说一个故事，我无意间从他身后经过，正在那时，他从自己的世界里"醒"过来，发现了身后的我。他看了看我，有些不好意思。幸运的是，我恰好听清楚了他最后的几句话，我就顺着他的话编了一两句，让故事继续，然后若无其事地走开。小哈又回到他的故事里，他自己的世界里。

我们需要遵循孩子的世界逻辑（或"游戏规则"），正如小好的爸爸变成大树之后就不再说话一般。

我这么小心翼翼地保护小哈的世界，还因为我听过一个真实的案例。一位朋友在小时候有一次自言自语，在他妈妈看来非常可爱，妈妈就忍不住笑了，是那种哈哈大笑。这个小男孩无比尴尬，"从此，他再没有自言自语，再没有向妈妈敞开过内心"。

在其他情形下，我不是小哈的"大树"。现在，正是小哈建立自信的时候，如果他做了什么让自己感觉自豪的事，他就会向我或哼妈"邀功"。这个时候,我们不会不说话,而是尽可能地鼓励他。

前不久,我们一家三口从外面回家。进门后,我和哼妈先换了鞋,并把鞋子摆放整齐,然后往客厅走。过了一会儿,我还没看到小哈来客厅,就探头去看。我发现他已经换好鞋,正安安静静地摆放自己的小鞋。当时,他并没有发觉我在看他。

我没有离开,而是等他起身,等他看见我,看见已经准备好鼓励他的我。他看见我的那一刹那,我竖起大拇指:"小哈太棒了!不用爸爸妈妈说就知道自己摆鞋子。"然后,我故意大声叫哼妈:"妈妈,快来看呀,看小哈多棒!"哼妈也非常夸张地跑过来,非常有力地竖起大拇指……

什么时候做孩子的"大树"?什么时候不做?

答案是不确定的。2岁的小哈和3岁的小哈要"骑马马",我要做的显然是不一样的。2岁时,我会直接把小哈放在我肩头;3岁时,我会扶着他爬到我身上去。或许,《大树不说话》里的小好已经五六岁了。小哈若到了五六岁还要"骑马马",或许我只需要做一棵不说话的"大树"。

育儿也是一种艺术,我们只有对"艺术品"(不管是画、文字,还是一个具体的孩子)有足够的了解,才会知道怎么留白,而艺术家往往是留白的大师。

父母的辛苦，不是孩子的债

◆ 哼妈

手机铃声响了，我拿起手机一看，地址显示的是老家，但号码却是陌生的。接通后，那边是一个有些苍老的妇人的声音，第一句就热络地称呼我的名字，然后就熟稔地和我聊上了，应该是家族里的哪位长辈吧。我也就应答上了，不好意思再问"您哪位？"就这样聊了十来分钟，我终于明白，原来是我妈一位年过八旬的堂姐，我们一共也就见过两次面——大概是我妈"周游列国"时留的号码，老人家没人陪聊，这天通讯录里八成是该轮到我了。

我认真地陪老人聊了20多分钟，末了，老人感慨道："你妈这辈子不容易，你得好好报答你妈呀！"顿时，我心中某种似曾相识的感觉喷涌而出，勉强应和着挂了电话，开始生闷气。

多少年没听到这句话了？我想大概有10年了吧！没想到再次听到，我居然还会有这么大的动静——表面平静，内里翻腾。

∽ ∽ ∽

"你妈不容易,你以后可要好好报答你妈!"

这句话,贯穿了我的整个少年和青年时代。甚至有一次,我在一篇关于母亲的初中命题作文中得了高分,老师最后的评语也是这句话!

我那时不懂,我妈到底怎么不容易。既然所有人都这么对我说,那肯定是我做错了什么,才害得我妈这么不容易,我得赔!

可对于一个少不更事的孩子来说,你让我赔弄坏的娃娃,我知道怎么赔;你让我还借走的书,我知道怎么还;可是,你让我赔偿我妈的辛苦,这该是多么恐怖的事情!谁能告诉我该怎么赔偿?没有一个人告诉我——所有的人都只负责"审判",一次又一次!

于是,我努力让自己变得更乖——好好学习,不惹是生非,也不跟人攀比。可是,"审判"依旧没完没了。

我那年少卑微的岁月啊!一个少年的枝干,就这样被压弯了。

∽ ∽ ∽

要说,我妈还真是不容易:幼年丧母,中年丧夫,接着丧弟,后来是丧继母、丧父。跟我爸的那些年,前半段是被我爸"夫权执政",后半段是被我爸病躯所累——这样的一生,也确实不容易。

可是,孩子是不懂大人的"不容易"的。我能看得懂如果早餐钱丢了，这一上午会"不容易"，但我却看不懂被大男子主义掌权的"不容易"。即使后来家道颓败，被父母疼爱的我也完全不能对大人的"不容易"感同身受。

后来，终于长大些了，我妈还在"不容易"，我也明白点儿事了——我妈的不容易，其实跟我并没有太大的关系，可那些长辈们还在一遍一遍地苦口婆心，这时的我就特想吼一句回去：你以一副体恤我妈的姿态说这句话，可曾考虑过我听这句话的感受？——但我终究也只能生闷气。

写这篇文章的时候，我妈正在外地旅游，和她的一群朋友。如今，我也终于能理解母亲这一生的不易了，但我回报母恩，只是因为她是我妈，我爱她——而不是因为还债，更不是因为那些所谓的善意的"提醒"。

一年多前，我在朋友圈留了这样一段文字——

自从有了你

——给小哈的"情书"

自从有了你，
我的时间，
没有留给职场，

而是给了你；

没有留给"肉松肚"，

而是给了你；

没有留给逛街、看电影、喝咖啡、朋友聚会……

而是给了你；

但千万别搞错，

我说这些，

绝不是要向你诉说苦情母爱的伟大，

和妈妈的牺牲，

我只是想说：

我乐意，你管得着吗？

无论我今天为养育自己的孩子做过哪些努力，付出何等的艰辛，有过怎样的牺牲，那都是我自己的事，是我期望自己成为更好母亲的选择，我不会陈述给我的孩子听，也请你，任何一个经过他身边的人，不要这样对他说。

我不愿，我的努力或辛苦，成为威胁孩子"乖乖"的砝码，或者成为希冀孩子回报的条件——因为，父母的辛苦，不是孩子的债。

后记
POSTSCRIPT

虽未与你并肩，
但始终在你身旁

◆ 哼妈

2014年10月，哈爸带我们从重庆来到北京，创办了大V店。当时，我写了下面这篇文章，赠予哈爸。

哈爸，这是一段我完全未知的事业之路。我不知道，它的巅峰在何时，它的终点有多远；我不知道，它会改变你我多少；也不知道，它会操练我多少。但我知道，你出发的时候，我和孩子也已上路。

这一路，我希望你成就一番怎样的事业呢？

我希望你总是记得，比营利更重要的，是爱心；比事业更重要的，是良心。

所以，面对诱惑，即使很多人都那么做，你也要清楚，怎样才是对的；面对亏损，即使小小的"捷径"就能避免，你也能守住原则，双脚走在大路上。我并不需要一个财富传奇的配偶，我需要的是一位手洁心正的丈夫。

我想，你手所做的，定比"赚钱"要高得多。你不喜欢直奔着钱而去的生意，也不喜欢直奔着钱而去的事业，所以，你的企业目标也不会是"成为几百强"。我愿有一天，在这里和曾经在过这里的人，自豪这一段经历；合作过和听说过这个企业的人，尊敬它的所作所为。

出现分歧，在你据理力争的同时，别忘了谦和恭敬的态度；遭遇责难，在你沮丧失意的时候，独自祈祷也记得为他人祝福；在你事满为患的时候，别忘了做事的伙伴和他们的家人；在事态紧急的时候，也不要口无遮拦、话语伤人。爱是一切律法的总纲，我是帮助者，所以，我便这样提醒。

我想，你将遇到的，远比我这样单薄描述的要丰富得多。人与人之间，定比事与事之间复杂得多。所以，你被放在这条路上，和我被放在你身旁，真正的美意，是为着操练我们自己。

这一路，我希望你成就一番事业，如果能走很远，即使是"犟龟"之旅，我也坚信终有庆典；如果要煮一锅"石头汤"，我愿意拾柴呐喊；如果只是一场短跑，你也为我所敬重。

我还要说，其实，这并不是你全部的事业，甚至，都不是你最大的事业——你的事业，在听到门铃欢呼拍手的儿子掌间，在期待倾诉的妻子眉眼里，在渴望关注的父母背影上……谁能测准，每日清晨的一别，不会是一生？

哈爸，这段征途，我虽未与你并肩，但始终在你身旁。